Michaela Hansen · Eva Goris

Als GRANNY AUPAIR in die Welt

Deutscher Taschenbuch Verlag

Auch als E-Book erhältlich

FSC
www.fsc.org
MIX
Papier aus verantwortungsvollen Quellen
FSC® C013736

Originalausgabe 2013

Dieses Werk wurde vermittelt durch die
agentur literatur hebel & bindermann.

Umschlagkonzept: Balk & Brumshagen
Umschlagfotos: Ilona Gehrke, Marion Döring
Satz: Bernd Schumacher, Obergriesbach
Druck und Bindung: Kösel, Krugzell
Gedruckt auf säurefreiem, chlorfrei gebleichtem Papier
Printed in Germany · ISBN 978-3-423-26007-7

Dieses Buch ist all jenen Frauen gewidmet,
die als Granny Aupair in die Welt aufgebrochen sind.
Sie sind Botschafterinnen unseres Landes, schlagen Brücken
zwischen den Kulturen und den Generationen.

Zum Schutz der Privatsphäre wurde bei den Grannys auf
Familiennamen verzichtet und einige Orte wurden verändert.

INHALTSVERZEICHNIS

GELEITWORT
von Maria von Welser

Es ist phantastisch und so typisch weiblich: Granny Aupair. Frauen, die sich in die Welt aufmachen – in ihrem »dritten Leben«, das dann wahrlich wie ein neues Leben gerät. Die Zeit nach dem beruflichen Eingebundensein ist eine höchst spannende und auf eine neue Weise fordernde.

Diese Frauen wagen sich hinein in fremde Familien, lernen vielleicht noch einmal unbekannte Sprachen, erleben aufregende Kulturen. Jedes Jahr sind es mehr, die sich auf dieses Abenteuer einlassen. Ich finde das einfach großartig.

Diese Frauen wissen oder ahnen intuitiv, wie wichtig und bereichernd es ist, weiterhin aktiv zu bleiben. Nicht nur zu Hause rumzuhängen, sondern vor allem dem Gehirn neue Herausforderungen anzubieten. Damit Synapsen entstehen, die uns wiederum länger jung und lebendig und aktiv erhalten. Und in einem bestimmten Alter sind lange Flugreisen und eine völlig ungewohnte Umgebung ganz gewiss Herausforderungen. Sicher, es hilft allemal, wenn eine Granny auch selbst Kinder großgezogen hat. Die sind weltweit gar nicht so unterschiedlich. Voraussetzung ist es aber nicht, wie etliche Erfahrungsberichte zeigen.

Vor allem aber helfen: Offenheit. Bereitschaft, auf andere Menschen zuzugehen. Mit fremdem Essen zurechtzukommen und sich in puncto Kleidung an das Land und die Menschen anzupassen. In der spannenden Studie der Körber-Stiftung »Alter: Leben und Arbeit« wird deutlich, dass auch ältere Menschen Lust auf Neues haben und gerne lernen. Das Leben frei zu gestalten, finden die meisten von ihnen besonders verlockend. Dabei wünschen sich die Befragten vor allem zwei Dinge: »Zeit für Weiterentwicklung« und »Anerkennung und Lebensfreude über aktives Leben«.

Das passt auf all die Grannys, die die Welt erkunden. Gerontologen attestieren ihnen jetzt schon längeres Leben, ein gesünderes Alter und vor allem ein zufriedeneres Selbst. Was will man mehr?

Also kann es doch nur heißen: Machen wir uns auf! Lernen wir andere Menschen, andere Kulturen, aber vor allem andere Kinder kennen. Dann fühlen wir uns gebraucht, glücklich und gesund. Ein Vivat auf all die Grannys, die diesen Weg schon gegangen sind!

VORWORT

In 20 Jahren werden Sie eher von den Dingen enttäuscht sein,
die Sie nicht getan haben, als von denen, die Sie getan haben.
Lichten Sie also die Anker und verlassen Sie den sicheren Hafen.
Lassen Sie den Passatwind in die Segel schießen.
Erkunden Sie.
Träumen Sie.
Entdecken Sie.
Mark Twain

Ich werde oft gefragt, wie ich auf die Idee kam, Granny Aupair zu gründen. Das war an einem ganz normalen Sonntagnachmittag, als ich mich mit der Fernbedienung in der Hand vor dem Fernseher gelangweilt durch die Programme zappte. Beim Hin-und-Her-Schalten blieb ich plötzlich bei einer Sendung hängen, in der junge Aupairs über ihre Auslandserfahrungen berichteten. Und mit einem Mal war dieses altbekannte Gefühl wieder da: Fernweh! Ein Gefühl, das im Alltag im Verborgenen schlummert, aber wie eine schlecht verheilte Wunde immer wieder aufbricht, wenn die große, weite Welt in mein Wohnzimmer dringt. Aupair Mädchen! Das wäre ich als junge Frau auch gern gewesen!

Aber mein Leben verlief anders: Mit 19 habe ich geheiratet, mit 20 meine Tochter Sarah, mit 21 meinen Sohn Alex bekommen. Das Leben nahm seinen Lauf, der Traum, als Aupair ins Ausland zu gehen, zerplatzte. Heute bin ich selbst Großmutter – und mit meinem Leben glücklich. Trotzdem: Dieser uralte Traum vom Leben im Ausland blieb unerfüllt.

Als ich an diesem Sonntag so sehnsuchtsvoll in die Kiste guckte, dachte ich: Sicher geht es vielen Frauen wie mir. Sie sind vital, neugierig, unternehmungslustig – aber längst keine »Mädchen« mehr und damit zu alt für den ursprünglichen Aupair-Gedanken. Doch warum sollten Frauen über 50 nicht in Gastfamilien reisen? Das war die Geburtsstunde von Granny Aupair. Diese Frauen besitzen Lebenserfahrung, haben oftmals eigene Kinder erzogen, sind geerdet und verantwortungsvoll. Einige haben selbst noch keine Enkel und genießen es, Großmutter auf Zeit zu sein.

Als ich meiner Freundin Eva davon erzählte, war sie sofort wie elektrisiert. Gemeinsam haben wir dieses Buch geschrieben. Es ist ein Frauenbuch geworden. Es erzählt die Geschichten mutiger Frauen, die jenseits der 50 bewiesen haben, dass da noch was geht! Wir möchten anderen Mut machen, sich wie unsere Grannys auf Neues einzulassen, jenseits der ausgetrampelten Pfade zwischen Beruf und Familie etwas zu wagen.

Heute sind »meine Grannys« ein »Exportschlager«. Und mit jeder von ihnen reise ich ein bisschen mit.

Michaela Hansen

CARPE DIEM: TRAU DICH ODER STIRB TRAURIG!

Heutzutage traut sich kaum jemand, von den »Alten« zu sprechen: Verschämt werden Kunstbegriffe wie »Best Ager« oder »Silver Surfer« erfunden. Warum nur? Ist alt sein ein Makel? Aufmerksame Beobachter bekommen schnell den Eindruck – selbst auf Seniorenmessen, wo es von Alzheimer über Busreisen mit ärztlicher Begleitung bis hin zur Bestattungsberatung geht. Wo sind die Angebote für die jungen Alten? Ist man gleich nach der Pensionierung reif für die Pflegestation und den Friedhof?

Wann ist man heute alt? Mit 60, 70 oder erst mit 80 Jahren? In vielen Bereichen unserer Gesellschaft gehört man schon mit Mitte 40 zum alten Eisen, bekommt keine Arbeit und wird an den Rand der Gesellschaft abgeschoben. Das ist die real existierende Altersdiskriminierung! Fernseh- und Rundfunkmoderatoren werden entlassen, weil ihre Stimmen »zu alt« klingen, weil »alte Gesichter« nicht mehr auf den Bildschirm gehören. Was die Medienmacher nicht begriffen haben: Dieser Jugendwahn ist völlig überholt. Mittlerweile sollte jedem die demographische Entwicklung bekannt sein.

Aktive, dynamische und intelligente Frauen tauchen nach der Pensionierung nicht von heute auf morgen einfach in die Bedeutungslosigkeit ab. Sie stehen weiter mitten im Leben, sind immer noch ehrgeizig und viel mutiger als ihre Mütter und Großmütter. Noch nie zuvor hat eine Generation von Frauen so konsequent mit Vorurteilen aufgeräumt und das Leben in fortgeschrittenen Jahren in die eigenen Hände genommen. Viele Frauen weigern sich schlicht, so zu altern, wie Teile der Gesellschaft es leider noch immer von ihnen erwarten. Sie wollen nicht still und bescheiden in der Versenkung verschwinden, sie wollen noch einmal ihre persönlichen Träume verwirklichen und sich dabei nicht ausbremsen lassen. Mit einem ganz neuen Selbstbewusstsein gehen die Frauen der Generation 50 plus heute ihrem nächsten Lebensabschnitt entgegen. 48 Prozent der Frauen in Deutschland sind bereits über 50 Jahre alt, und diese Gruppe wächst rasant – ein Umbruch, der die Gesellschaft in Zukunft verändern wird.

Diese Generation Frauen macht im Rentenalter neue Überlegungen zur Lebensplanung. Sie fragen provokant: Soll das alles gewesen sein? Unter ihnen sind auch all jene, die schon in ihrer Jugend nach alternativen Lebensformen gesucht haben. Sie haben viel ausprobiert, die sexuelle Revolution angestoßen, die Pille genommen und sich in der Männerwelt im Beruf durchgeboxt. Es sind die Frauen der »Alt-68er« und die Generation der Hippies, die kritisch und experimentierfreudig diesen dritten Lebensabschnitt angehen. Mit dem Ausscheiden aus dem Berufsleben oft zwangsweise in den »Unruhestand« versetzt, werden alte Sehnsüchte wieder wach. Getreu dem Udo-Jürgens-Song ›Ich war noch niemals in New York‹ fragen sie sich: Warum also nicht jetzt? Sie sind noch nie durch San Francisco gelaufen, haben die Sonne noch nie in der Südsee untergehen sehen. Diese Generation der Selbstverwirklicher setzt sich nicht einfach hinter den Ofen und strickt: Sie will sich noch einmal ins Leben stürzen.

Zu Hause ist es den meisten jungen Alten zu langweilig. Die eigenen Kinder sind längst erwachsen und aus dem Haus, die berufliche Karriere ist vollendet, das Haus abbezahlt, die Ehe geschieden oder wird oftmals als Partnerschaft von Verständnis getragen. Im Alter tun sich auf einmal neue Freiräume auf. Ein wertvolles Gut ist jetzt in ausreichendem Maße vorhanden: Zeit! Zeit für eigene Interessen, für neue Aufgaben und für den Start in die Welt. Übrigens: Entgegen allen Vorurteilen sind die meisten älteren Menschen glücklich. Sie haben an Freiheit gewonnen, sind nicht mehr abhängig von der Meinung anderer und entdecken sich neu.

Die jungen Alten verfügen über unbezahlbare Erfahrungen eines gelebten Lebens. Sie wollen sich in eine Gesellschaft einbringen, die sie ohnehin immer mehr braucht. Ihr Know-how und ihre soziale Kompetenz bleiben jedoch immer noch allzu oft ungenutzt, sie werden von der Gesellschaft unterschätzt. Doch das ändert sich gerade. Die moderne Frau der Generation 50 plus macht sich sehr selbstbewusst auf den Weg. Sie sucht nach neuen Lebensperspektiven, ist dabei lernfähig und flexibel. Außerdem kann sie die neue Freiheit jenseits von Beruf, Kindererziehung und Hausfrauendasein genießen. Dabei spielt der Wunsch, noch einmal durchzustarten, eine große Rolle. Fernweh und unerfüllte Reiseträume stehen oben auf der Liste. Jetzt oder nie! Warum nicht als Granny Aupair in die Welt reisen?

Almut ist mit 70 Jahren als Granny Aupair nach Australien aufgebrochen. »Das ruhige Rentnerleben war mir zu langweilig!« Die Reise ans andere Ende der Welt war für sie eine Herausforderung, die sie gemeistert hat. Sie plant seither nicht mehr lange im Voraus. Sie lebt im Hier und Heute. Für Angela war ihr Aufenthalt in Korea zunächst ein Sprung ins kalte Wasser. Die agile 65-Jährige kam als Helferin in der Not und reiste als Familienmitglied wieder heim. Hedda hatte nach dem Tod ihres Mannes allen Lebensmut verloren. Doch in Guatemala hat die 71-Jährige erlebt, wie Kindersklaven ausgebeutet werden. Das Leiden der Kinder hat ihr eigenes relativiert. Sona hat vor Ort aus dem Bauch heraus ihre Pläne geändert. Die 74-Jährige hat zwar von Anfang an mit dem Begriff »Granny« gehadert, aber sie wusste, wohin sie als »Oma« reisen wollte: nach Afrika! Durch einen Journalisten hat sie Kontakt zu Bürgerkriegsopfern in Ruanda bekommen.

Sabine fühlte sich mit 60 Jahren zwangsverrentet und nach 33 Arbeitsjahren auf üble Weise vor die Tür gesetzt. Als Granny Aupair hat sie dann bei einer deutschen Unternehmerfamilie in China viel Anerkennung erfahren. Christa hat sich mit 72 Jahren ihren Jugendtraum erfüllt und ist nach Kanada gereist. Dort wurde sie von der Familie mit offenen Armen empfangen. Regine hat mit 64 Jahren in Tansania eine sehr alte Dame betreut und dabei die Vorzüge einer Großfamilie kennengelernt.

Christel ging zunächst als Aupair zu einer gut situierten deutsch-indischen Familie. Doch die krassen sozialen Unterschiede haben sie so bedrückt, dass sich die 69-Jährige schließlich ganz der Betreuung von Straßenkindern zuwendete. Auch Ria hat in einem sozialen Projekt gearbeitet. Als ehrenamtliche Helferin betreute sie behinderte Kinder in Saigon. Die 61-Jährige konnte sich nur schwer von den Kindern in dem Waisenhaus in Vietnam lösen. Wie sie sich über Kleinigkeiten freuen konnten, hat sie berührt. Anni wollte ursprünglich nach Afrika, aber dann ist die 67-Jährige in Wien gelandet. Die Zeit mit einer alleinerziehenden Mutter in Österreich hat ihr gezeigt, dass sie gebraucht wird.

Das sind nur einige Beispiele, die beweisen, was alles jenseits der 50 möglich ist.

Experten wie Zukunftsforscher, Gerontologen und Psychologen betonten in Interviews, die für dieses Buch geführt wurden, immer wieder: Die Alters-Apokalypse kommt nicht! Die Verlangsamung des Lebensrhythmus geht einher mit weniger Zwängen, einem Zugewinn an Ruhe und Freude am Leben. Die Mobilität hat zugenommen, die Alten fühlen sich jünger denn je. Auf dem Weg zum Glück ist allerdings das Wie eine zentrale Frage.

EINGEBUNDEN SEIN IST WICHTIG

Im Alter geht es verstärkt um die Sinnfrage. Neben vielen Philosophen beschreibt auch Viktor Frankl, Neurologe und Psychiater, wie »das Leid am sinnlosen Leben« zu Depressionen und schweren neurologischen Erkrankungen führt. Alterseinsamkeit und die Angst davor sind nicht zu vernachlässigende Faktoren, wenn es um das Wohlbefinden der Generation 50 plus geht. Wer gebraucht wird, altert glücklicher. Ursula Lehr, führende Wissenschaftlerin auf dem Gebiet der Erforschung und Gestaltung des Alterns – sie hat bereits 1986 in Heidelberg das Institut für Gerontologie gegründet –, betont: »Wer im Alter keine Aufgaben mehr hat, wird unglücklich.« Die kämpferische Gerontologin macht das Glück im Alter auch an sinnvollen Sozialkontakten fest. Doch nicht nur das: Sie behauptet, dass man länger fit und gesund bleibt, wenn man sich dafür interessiert, was andere Menschen denken und fühlen. Was das Glücksempfinden anbelangt, spielt Fernweh häufig eine zentrale Rolle. Mit einer langen und intensiven Reise erfüllen sich die Grannys einen lang gehegten Wunsch. Doch dieser Schritt ist weitreichender als ein Urlaub. Die Frauen, die als Granny Aupair unterwegs waren, sind kontaktfreudig, offen und empathisch – und sie sind nach Meinung von Ursula Lehr auf dem richtigen Weg.

Granny Aupair ist eine Wortschöpfung, die sich bewusst an den bekannten Aupair-Gedanken anlehnt. Denn auch die gleichnamige Hamburger Initiative, mit deren Hilfe sich die in diesem Buch beschriebenen Frauen ihren Traum vom Auslandsaufenthalt erfüllt haben, basiert auf Gegenseitigkeit. Die Frauen kommen als Fremde in eine Familie und gehen oft als gute Freundin. Sie gliedern sich in die Familie ein, helfen in sozialen Projekten oder kommen als Gesellschafterin und teilen den Alltag mit der Gastfamilie. Die Grannys erleben so ein fremdes Land aus der Innenansicht, bekommen einen wesentlich intimeren Einblick und finden im Idealfall sogar Familienanschluss. Für die Gastfamilien und die Grannys kommt ein kultureller Austausch zustande. Meistens genießen beide Seiten das Anderssein und überbrücken gleich mehrere Grenzen: Ländergrenzen, kulturelle Grenzen und Altersgrenzen. In der Konkurrenz zu jungen Aupairs schneiden die gestandenen Grannys unterm Strich besser ab. Sie sind – im Gegensatz zu jungen Mädels – nicht so sehr an Mode und Männern, Partys und Popkultur interessiert. Frauen zwischen 50 und 75 wollen zwar auch viel erleben, aber sie wollen sich nicht mehr exzessiv austoben. Außerdem tragen sie ganz selbstverständlich Verantwortung und integrieren sich bewusst. Vielen Gastfamilien ist deshalb eine erfahrene Frau lieber als eine Abiturientin. Die Granny bringt neben ihrem Engagement häufig auch eine gewisse Gelassenheit und Ruhe mit.

RUNTER VOM SOFA – RAUS IN DIE WELT!

Heute haben sich bereits mehrere Hundert Grannys auf die Reise in über 40 Länder dieser Erde gemacht. Und es werden täglich mehr. Nicht nur Familien sind von den lebenserfahrenen Frauen begeistert: Auch die Verantwortlichen in sozialen Projekten greifen gern auf die tatkräftige Unterstützung von Grannys zurück. Zwischenmenschliche Bindungen und Freundschaften entstehen. Die Idee hat Menschen zusammengebracht, die sonst nie zusammengekommen wären: den Farmer in Namibia und die Rentnerin aus Berlin, die alleinerziehende Mutter in Kanada und die unternehmungslustige Arztfrau aus dem Ruhrgebiet, Straßenkinder, Bürgerkriegsopfer und Frauen aus der saturierten Wohlstandswelt der Bundesrepublik.

Eine Granny Aupair ist keine klassische Babysitterin. Neben dem interkulturellen Austausch spielen auch soziale Aspekte bei der Vermittlung eine große Rolle. Die Geschichte einer Granny Aupair, die auf Mallorca einer alleinstehenden älteren Dame Gesellschaft geleistet hat, zeigt das. Ihr Aufenthalt war für die Dame auf Mallorca wie der Besuch einer hilfsbereiten Freundin. Beide sind zusammen in Palma einkaufen gegangen, haben gemeinsam gekocht und Museen besucht. Für die alte Dame war die Zeit mit der Granny eine willkommene Abwechslung in ihrer Einsamkeit.

In diesem Buch geht es auch um die Erfüllung von Träumen. Die Geschichten beweisen: Auch die dritte Lebenshälfte hat ihre Reize. Viele Granny Aupairs berichten nach einem Auslandsaufenthalt, sie seien verändert zurückgekehrt. Ihr Selbstbewusstsein ist gewachsen. »Ich bin so stolz auf mich – ich habe ein Abenteuer gewagt und an Erfahrung und Erfüllung gewonnen.« Diese Aussage von Christa steht stellvertretend für viele Grannys.

ALLER ANFANG IST SCHWER

Leider wissen wir oftmals nicht auf Anhieb, wie wir aus unserer Alltagsroutine ausbrechen können. Das Verlassen der heimischen Komfortzone und damit der bequemen Couch ist nach all den Jahren der Gewohnheit nicht selten ein Gewaltakt. Doch die Angst vor Veränderungen ist etwas ganz Normales und Natürliches. Ein Anstoß genügt oft schon, um neue Wege zu gehen. Dabei soll auch dieses Buch helfen.

Wer als Granny in die Welt reist, muss sein Leben ja nicht radikal ändern und gleich alles aufgeben. Es ist ein Ausstieg auf Zeit, ein Gefühl von Freiheit mit der Sicherheit des Zuhauses in der Heimat. Natürlich treffen fremde Menschen aufeinander. Gut, das führt anfangs manchmal zu Unsicherheiten auf beiden Seiten. Die Gastfamilie holt sich einen Menschen ins Haus, den sie vorher in der Regel nur übers Telefon und E-Mail-Kontakte kennengelernt hat. Für die Granny ist das Wagnis größer. Für sie sind Land und Leute fremd, die Sprache, der Kulturkreis und vieles mehr. Aber gerade darin liegt der Reiz. Das Neue, Unerwartete wird zum langersehnten Abenteuer für alle, die flexibel und offen für Neues sind.

ACTIVE-AGING STATT ANTI-AGING

Die Ergebnisse einer Altersstudie des Allensbach-Instituts zeigen auf, dass gleich nach Familie und Hobbys ein Ehrenamt für die meisten Senioren im Alltag eine große Rolle spielt. 45 Prozent der 65- bis 85-Jährigen engagieren sich durchschnittlich vier Stunden pro Woche im kirchlichen Umfeld oder im gesellschaftlichen Bereich ehrenamtlich. »Gerade die jungen Alten können und wollen sich mehr als bisher in die Gesellschaft einbringen«, betonte Kristina Schröder, Ex-Bundesministerin für Familie, Senioren, Frauen und Jugend, im 6. Altersbericht der Bundesregierung. »Sie wollen noch einmal etwas Neues anfangen, eine Aufgabe haben und mitgestalten.« Leider hinkt die Gesellschaft dem Ist-Zustand mit ihrem Bild über das Alter noch hinterher, doch Veränderungen kommen allmählich in Gang. »Dabei sehen die Alten heute nicht nur jünger aus – sie sind auch leistungsfähig und länger gesund«, sagt die Psychologin und Alternsforscherin Ursula M. Staudinger von der Bremer Jacobs University. Was die Angst vor einer Überalterung der Gesellschaft angeht, so werde vieles undifferenziert dargestellt. Der Begriff »Alterspyramide« sei schlicht falsch: Es handele sich eher um ein stehendes Rechteck. Sie sieht in den Alten keineswegs »frühverrentete Müßiggänger«, sondern Menschen, die sich nützlich in die Gesellschaft einbringen. Wer sich engagiert, ist nicht einsam. Und: »Anerkennung hält länger aktiv«, betont Gerhard Naegele, Direktor des Institutes für Gerontologie an der TU Dortmund.

Dieses Buch will Frauen ermutigen, den Schritt in die Welt zu wagen. Unter dem Motto: »Jetzt oder nie« können Frauen mit 50 plus als Granny Aupair noch einmal richtig Gas geben. Die Grannys, die in diesem Buch ihre Geschichte erzählen, sind jung geblieben und abenteuerlustig. Frauen ihrer Generation gelten als sozial kompetent, tatkräftig, souverän, verantwortungsbewusst und lebenserfahren, aber auch als spontan und neugierig. Sie gehören keinesfalls in die »Alte-Oma-Schublade« – das beweisen sie überall auf der Welt.

GRANNYS IN ALLER WELT

Sich auf den Weg zu machen, bedeutet auch Grenzen zu überschreiten: Dabei sind Ländergrenzen nur der Anfang einer langen Reise in einen neuen Lebensabschnitt. Wer sich bewegt, kommt weiter. Das sind die Erfahrungen, die die meisten Granny Aupairs teilen. Ihre Lebens- und Reisegeschichten sind unterschiedlich, aber sie haben eins gemein: Wer den Aufbruch wagte, fand am Ende zu sich selbst.

ANGELA (65):
KOREA WAR EIN SPRUNG INS KALTE WASSER

Als Granny ins Ausland zu gehen, ist eine Möglichkeit, intensiver als jede Pauschalreise es bieten kann, in fremde Länder einzutauchen – ohne viele Tausend Euro für einen längeren individuellen Aufenthalt ausgeben zu müssen. So wie Angela, die ein halbes Jahr bei einer deutsch-koreanischen Familie in Seoul gelebt hat.

Die agile 65-Jährige kam als Helferin in der Not, denn die deutsche Frau des Hauses wollte ihre schwere Nierenerkrankung in Deutschland behandeln lassen. Ihr koreanischer Ehemann Yun, der zur Unternehmensleitung eines bekannten Elektronikkonzerns gehört und als Repräsentant zahlreiche Veranstaltungen besuchen muss, hatte beruflich bedingt nicht genügend Zeit, sich während des Klinikaufenthalts hinreichend um die 15-jährige Tochter Kairi zu kümmern. Der Manager geht morgens um fünf Uhr aus dem Haus und kehrt oft erst spät am Abend wieder heim. Die Mutter legt Wert darauf, dass ihr Kind zweisprachig aufwächst und eng an beide Kulturkreise herangeführt wird, doch in Seoul selbst fand sich keine deutschsprachige Betreuung. Und so wandte sich die Familie an die Hamburger Agentur, von der sie über einen Beitrag im Firmenmagazin des Unternehmens erfahren hatte.

Korea stand seit Jahren auf der Wunschliste der Länder, die Angela kennenlernen wollte. Aber mit einem Koreaner und seiner 15-jährigen Tochter in einem großen Haus allein zu leben, während die Mutter in Deutschland operiert wird – diese Vorstellung bereitete ihr Bauchweh. Am Ende siegte ihre Neugier auf die außergewöhnliche und fremde Kultur. »Ich besorgte mir Reiseführer, habe im Internet recherchiert und dann bei der Agentur angerufen.« Sie wollte alle Unwägbarkeiten ausschließen, wollte genau wissen, wie und wo die Familie wohnt, wie die Lebensverhältnisse und das Preis-Leistungs-Verhältnis in Seoul sind. »Den Sprung ins kalte Wasser habe ich vor der Abreise gefürchtet wie der Teufel das Weihwasser«, sagt die Frau, die in der Großstadt Frankfurt lebt. »In einer Millionenmetropole wie Seoul wäre Frankfurt ein Vorort.« Heute weiß sie: »Auf alles kann man sich bei einem solchen Wagnis ohnehin nicht vorbereiten.« Sie habe als Granny auch gelernt, Dinge auf sich zukommen zu lassen und kulturelle Gegebenheiten offen und wertfrei aufzunehmen.

Im Internet hat sie das Profil der Familie intensiv studiert, sie schaute sich Fotos der Familie und des großzügigen Hauses in Seoul an, dessen Bewohner offensichtlich zur ökonomischen Elite gehörten. Zwischen Deutschland und Korea wurde viel hin und her telefoniert. Per Mail wurden praktische Dinge abgeklärt: Was muss in den Koffer, was ist bei der Einreise zu beachten, welche persönlichen Dinge müssen mit? Angela empfand die Zeit der Vorbereitung zwar als kurz, war aber auch froh darüber. »Ich hatte keine Zeit, Zweifel zuzulassen.« Drei Wochen nach der Entscheidung saß sie im Flugzeug Richtung Seoul. Ungefähr zur gleichen Zeit flog die nierenkranke Frau nach Hamburg zur Behandlung. Trotz eines geschäftlichen Termins holte ihr Mann Yun die Granny persönlich vom Flughafen ab. Sie war erstaunt, dass ein Fahrer ihr Gepäck in die Limousine lud. Sie wusste zwar, dass es Personal im Haus gab – aber ein Chauffeur? Das hat sie dann doch überrascht.

Auf dem über zehnstündigen Flug ins 8500 Kilometer entfernte Seoul saß sie in der Businessklasse neben einer deutschen Geschäftsfrau, die über Benimmregeln und Etikette in Korea referierte und ihr eine kleine Einführung in die Landessitten gab. Man müsse sich unbedingt vor einem Aufenthalt die Verhaltensmaßregeln zu Gemüte führen. »Ein Fettnäpfchen steht neben dem anderen«, sagte sie. »Nichts ist leichter, als mit beiden Füßen im Schlusssprung geradewegs im größten Fass zu landen.« Die Begegnung mit der erfahrenen Koreareisenden hat Angela verunsichert. War sie selbst hinreichend vorbereitet? »Ich habe die sympathische Frau ausgequetscht wie eine Zitrone«, erzählt die Granny. Als die Sprache aufs Essen kam, wurde Angela ganz anders zumute. »Es gibt kaum etwas ohne Knoblauch und Chili«, meinte die Geschäftsfrau. »Das Essen ist scharf und feurig, vielfältig und voller Überraschungen.« Und eine Regel gab die Koreareisende der Granny mit auf den Weg: »Niemals die Stäbchen im Reis stecken lassen – das gilt als unhöflich.« Angela hat auch erfahren, dass die erste Begegnung für Koreaner äußerst wichtig ist und besonders ernst genommen wird. Unachtsamkeiten wie eine fehlende Visitenkarte können Geschäftsabschlüsse gefährden. Selbst der Winkel und die Tiefe der Verbeugung bei der Begrüßung sind ausschlaggebend für die zukünftige Beziehung. In Korea ist eben alles anders.

Während sich Angela bei der Ankunft noch Gedanken über ihre Verbeugung machte, begrüßte der koreanische Gastgeber sie mit einem herzlichen Händeschütteln. Es stellte sich heraus, dass er als Kind mit seinen Eltern in Deutschland gelebt hatte und mit europäischen Gepflogenheiten vertraut war. Die Sorge um seine kranke Frau, die schon viele Klinikaufenthalte in Korea hinter sich hatte, wurde auf der Fahrt nach Hause deutlich. Der Kampf gegen die Krankheit gehe jetzt in eine entscheidende Phase – ihm sei bewusst, dass er der Granny viel zumute. Die Tochter leide aufgrund der schweren Erkrankung ihrer Mutter unter psychischen Problemen. Sie habe sich von einem lebhaften Teenager in ein stilles und ernstes Mädchen verwandelt. Durch die extreme Belastung der Familie habe sie sich immer mehr in sich zurückgezogen. Der Vater erhoffte sich von einer älteren Dame aus Deutschland, die wie eine Großmutter ins Haus kommt, Hilfe und Nähe für die Tochter. »Als mir bewusst wurde, welche Verantwortung auf mir lasten wird, war ich verunsichert, aber auch entschlossen, diesen Weg bis zur Abreise zu gehen«, gesteht Angela. Der wohlhabende Manager hatte der Granny auch für den Rückflug ein Flugticket in der

Businessklasse besorgt, das jederzeit umgebucht werden konnte. Der Gedanke daran tröstete sie über Ängste und Zweifel hinweg und gab ihr eine gewisse Freiheit.

Der Umgang mit Kranken und Sterbenden und ihren Familien ist Angela nicht fremd. In Deutschland engagiert sie sich seit dem Tod ihres Vaters in der Hospizbewegung und hat bereits vielen Angehörigen zugehört. Sie weiß um die Sorgen und Nöte, sie kann sich gut in die Gefühle des Mädchens hineinversetzen. Trotzdem: War die Reise nach Korea ein Wagnis? Was ist, wenn die Mutter während der Behandlung stirbt? »Es hätte viel schiefgehen können, aber es wurde für uns alle eine bereichernde Zeit.« Im Nachhinein ist Angela froh, dass sie zugesagt hat. »Man kann im Leben nie alle Eventualitäten durchspielen – auch in Deutschland nicht. Wer Angst hat, bleibt am besten zu Hause auf der Couch sitzen, bis die Sargträger kommen.«

Der erste Kontakt mit dem Mädchen verlief gut. Kairi hat die »Oma« aus der Heimat ihrer Mutter durchs Haus geführt und vorgeschlagen, am nächsten Sonntag mit ihr ins Stadtzentrum zu fahren. Das mächtige Standbild des Yi Sun-sin, eines koreanischen Seehelden aus dem 16. Jahrhundert, wollte sie der Granny als Erstes zeigen. »Dem Vater ist ein Stein vom Herzen gefallen, als er uns am nächsten Morgen gemeinsam beim Frühstück sitzen sah«, sagt Angela.

Im Haushalt musste sich Angela um nichts kümmern. Es gab eine Köchin, eine Reinigungshilfe, einen Fahrer und sogar einen Gärtner. Jeden Morgen ist die Granny mit dem Mädchen aufgestanden und hat sie verabschiedet, bevor Kairi in die Schule aufgebrochen ist. Bis sie am Nachmittag wieder heimkam, hatte Angela Zeit für sich, die sie häufig für Fahrten ins Zentrum von Seoul, für Museums- und Restaurantbesuche genutzt hat. Der Umgang mit dem freundlichen, wohlerzogenen Mädchen war angenehm. »Sie war in der ersten Woche beobachtend und zurückhaltend, taute dann aber auf und vertraute sich mir an.« Die Granny hat bei den Hausaufgaben geholfen, englische Vokabeln abgehört und mit ihr Geschichte gepaukt. Kairi geht auf eine internationale Schule, die von Kindern aus aller Welt besucht wird. Doch im Unterricht wird viel Wert auf die koreanische Kultur gelegt. »Durch Kairi habe ich selbst viel über die uralte Kultur, das Kory-Reich und die Yi-Dynastie bis hin zum Koreakrieg erfahren.« Während ihres Aufenthaltes drohte der nordkoreanische Diktator immer wieder mit Angriff und Krieg. »Das war schon ein bedrückendes Gefühl«, sagt sie. »Die Fernsehbilder aus dem Koreakrieg habe ich noch im Kopf.«

Angela war bewusst, dass sie für das Mädchen kein Mutterersatz sein konnte, aber Kairi habe sich ihr gegenüber schnell geöffnet. »Das hat mich glücklich gemacht.« Sie erzählte der Granny, wie sehr die Nierenerkrankung und die Dialyse der Mutter die Familie belastet. Dieses Warten auf den Tod eines anderen Menschen, der der Mutter dann eine Niere spenden kann, hat dazu geführt, dass sich das Mädchen schuldig fühlte. Die sensible Kairi, die so sehr auf eine Spenderniere für ihre Mutter hoffte, hatte Sorge, für diesen Wunsch, der ihr egoistisch erschien, von Gott »bestraft« zu werden. Den Vater konnte und wollte sie mit Fragen rund um eine Nierentransplantation nicht zusätzlich beunruhigen und belasten. In Angela fand Kairi eine Vertrauensperson, der sie diese »sündigen« Gedanken anvertrauen konnte. Mit ihr konnte Kairi, die schon viel über das Leben und Sterben nachgedacht hat, über den Tod philosophieren und letzte Fragen ansprechen. Wo werden wir sein, wenn wir tot sind? Bleibt unsere Seele lebendig, wenn unser Körper gestorben ist? Natürlich kennt auch die Granny aus Deutschland die Antworten nicht, aber sie kann eins: geduldig und verständnisvoll zuhören. Das hat sie auch durch ihre Hospizarbeit gelernt. Die Vertrautheit zwischen den beiden ist bis zum heutigen Tag geblieben: »Kairi und ich skypen, chatten und mailen – ich bin immer auf dem Laufenden, was in Seoul passiert.«

Als Angela vier Wochen im Haus der Familie war, kam die Mutter aus Hamburg zurück. »Sie hatte durch die Operation stark abgenommen – und erinnerte nur noch entfernt an die Frau, die ich vom Foto kannte. Man hatte ihr eine Niere entfernen müssen.« Anfangs habe sie sich der Hausfrau gegenüber seltsam befangen gefühlt, wie ein Eindringling. Doch die offene Frau nahm ihr jede Scheu und schon nach kurzer Zeit verstanden sich die beiden gut. »Sie müssen meine Freundinnen kennenlernen«, sagte sie. »Ich bin noch zu schwach und kann Ihnen nichts vom Land zeigen – aber ich möchte, dass Sie etwas von Korea sehen.« Sie vereinbarte ein Treffen mit ihren deutschen Freundinnen. Gleich am nächsten Tag gab es eine Einladung zu einer Welcome-Party und man beschloss, die Granny in ein traditionelles Restaurant zum Essen auszuführen. »Meine Angst vor Hunde- oder Katzenfleisch wurde von den Damen entkräftet.« Stattdessen gab es Guk, die typische koreanische Suppe, ohne die eine Mahlzeit unvollständig wäre. »Zum ersten Mal hatte ich Twoenjang Guk – eine Suppe aus vergorenem Sojabrei mit Muscheln. Köstlich! Von da an habe ich viel herumprobiert, denn im Haus meiner Gastfamilie standen eher internationale Gerichte wie Steaks, Salate und Gemüsegerichte auf dem Speiseplan.« Besonders gern hat Angela eine kräftig gewürzte Fischsuppe namens Maeuntang gegessen. Kimchi kannte die Granny schon aus Deutschland. »Aber das Kimchi bei unserem Koreaner in Frankfurt ist nicht zu vergleichen mit original koreanischem Kimchi!« Kimchi ist Kult. Die Köchin der Familie hat eigens Gemüse und weißen Rettich angepflanzt, den sie in dickwandigen Steingutgefäßen einlegt und vergären lässt, um klassisches Kimchi herzustellen. Sie nimmt dazu auch Meeresfrüchte wie Krebse und Austern, um das Haus-Kimchi zu verfeinern. Im Küchengärtchen der Familie wächst alles, was sie dazu braucht. Auch Spinat. »Einmal habe ich die Köchin mit Rahmspinat, Kartoffelpüree und Spiegeleiern überrascht – aber ich glaube, sie hat nur aus Höflichkeit zugegriffen.« Der Familie hingegen habe es geschmeckt.

Mit dem Damenkreis traf sich Angela nach dem ersten Kennenlernen regelmäßig. Sie bekam wertvolle Tipps und Ratschläge, die das Leben in diesem für sie doch recht exotischen Land erleichterten. Wo finde ich was? Wie bewege ich mich von A nach B? Worauf muss ich achten? Das war eine enorme Hilfe beim Einkaufen. »Wir schlenderten über die unterschiedlichen Märkte, haben Apotheken mit traditioneller koreanischer Medizin aufgesucht. Dort wurde ich über die verschiedenen Ginseng-Heilmittel unterrichtet.« Für ihre Freundin in Deutschland hat sie gleich »ein paar Kostproben« erstanden.

Die Gemeinschaft dieser Frauen ist ein Stück Heimat im Ausland – das hat die Frau des Hauses immer betont. Schon die Kommunikation in der Muttersprache schweißt zusammen. Angela hat sich besonders mit der Frau eines Auslandskorrespondenten angefreundet. »Sie hat mich in ihrem Auto überall mit hingenommen und mir Koreanerinnen vorgestellt, die in Deutschland gelebt haben«, berichtet sie. Gemeinsam haben sie den Kyongbok-Palast mit seinem prachtvollen Thronsaal besichtigt. Im modernen Myeong-dong-Viertel mit seinen engen Gassen und schicken Boutiquen waren sie shoppen, und sie haben Reisen ins Umland unternommen. »Dieses wunderschöne Land individuell zu bereisen, würde ich mir auch nach einem halben Jahr Koreaerfahrung nicht zutrauen«, sagt sie und ist dankbar für die Unterstützung des Frauenkreises. Die Sprachbarrieren in Korea seien einfach zu groß. Englisch sei nicht weit verbreitet, die Schriftzeichen nicht zu entziffern. Sich mit einem Taxi durch die Stadt zu bewegen, findet sie schwierig. Schon ein Taxi zu bekommen sei eine Geduldsprobe – gerade für Ausländer. »Die Fahrer fürchten sprachliche Probleme und halten einfach nicht an, wenn sie einen Ausländer sehen.«

Highlights der Reise hätte sie ohne den Frauenkreis nicht erlebt. »Ich habe einem Changgu-Trommler gelauscht, der vor der Aufführung eines traditionellen Maskenspiels sein sanduhrförmiges Instrument gespielt hat.« Ein Flötist im höfischen Gewand und akrobatische Tänzer haben sie besonders beeindruckt. Berührt von dieser fremdartigen Musik, hat sich Angela diverse Aufnahmen als Erinnerung gekauft.

Seoul erschlägt jeden Ankömmling, der in die Metropole eintaucht. Angela beschreibt die Stadt als ein wirres Gemisch aus Hightech und Tradition, hohen Wolkenkratzern, traditionellen Tempeln und historischen Palästen. Das alles bilde ein seltsames Nebeneinander von Alt und Neu. Die Stadt sei fremdartig und dann wieder europäisch vertraut. Souvenirs gehen rasch ins Geld, doch sie habe kaum widerstehen können. Ihrem 27-jährigen Sohn hat sie edle Essstäbchen mitgebracht und der 24-jährigen Tochter eine Holzmaske, die sie bei einem Ausflug nach Taegu gekauft hat. Diese Art Masken werden bei den jahrhundertealten Tänzen von den Darstellern getragen. Für sich selbst hat Angela einen Seidenschal erstanden.

Angela ist in puncto Reisen keine Anfängerin. Sie war ihr ganzes Leben lang viel unterwegs. Mit ihrem Mann, er war Chefeinkäufer für eine große Warenhauskette, ist sie gleich nach ihrem Germanistikstudium kreuz und quer durch Afrika gereist. »Als wir frisch verliebt waren, haben wir einen VW-Bully umgebaut und sind einfach losgefahren.« Bei der Ankunft in Gibraltar haben die beiden Studenten beschlossen: Wir setzen über nach Marokko! Damals war das Pärchen drei Monate unterwegs, hat sich bis in den Süden des Landes vorgewagt und Touren in die Sahara unternommen. »Unsere Reiseleidenschaft galt Afrika.« Sie hält eine Weile inne, um all die schönen Erinnerungen abzurufen. »Später waren wir dann mehrfach in Kenia und Südafrika, auf Sansibar und in Tansania.«

Nach dem Studium haben beide hart gearbeitet – sie als Gymnasiallehrerin für Deutsch und Geschichte, ihr Mann als erfolgreicher Geschäftsmann. Am Rande des Ruhrgebiets haben sie ein großes Haus gebaut, zwei Kinder großgezogen, einen Enkel bekommen – und sich am Ende auseinandergelebt. »Ich weiß nicht mehr, wann die Liebe erloschen war«, sagt sie. Aber beide hätten es lange vorher gespürt. Ihr Mann hat dann die Konsequenz gezogen und sich getrennt. »Ich hätte niemals den Mut gehabt.« Er hat nach kurzer Zeit wieder geheiratet und mit dieser Frau seine »zweite Familie« gegründet. Das sei eine schmerzliche Zeit in ihrem Leben gewesen. »Aber jetzt bin ich darüber hinweg – und es geht weiter.« Heute genießt Angela, dass sie ihr Leben so gestalten kann, wie es ihr gefällt. »Ohne große Rücksicht auf andere.«

Ihren Freundinnen hat sie vor Korea von ihrer »Granny-Idee« nichts erzählt (im Gegensatz zu ihren Kindern, die sie zu diesem Schritt ermutigt haben). »Die Sätze, die dann gekommen wären, hätten mich vielleicht von meinem Plan abgebracht«, gesteht sie. »Und davor wollte ich mich schützen.« Einige Frauen in ihrem Freundeskreis hätten eine Granny bestimmt als »Frau zweiter Klasse – eine Art Kindermädchen« eingestuft. Nach ihrer Rückkehr sei sie jedoch meist auf positive Resonanz gestoßen. Man habe ihren Mut, den Unternehmungsgeist, ihre Aktivität und Initiative gelobt. Eine Frau, die auch ihre ehrenamtliche Tätigkeit für die Hospizbewegung nicht schätzt und als »Gutmenschentum« abtut, hat allerdings gesagt: »Ja, spinnst du denn, das hast du doch nicht nötig!«

Seit sie wieder in Deutschland ist, denkt Angela über die Menschen nach, die ihre Freunde sind. (Das tun übrigens viele Grannys.) Einige kamen auf die Negativliste. Sie erscheinen ihr nach ihrer Zeit in Korea als langweilig, frustriert und im starren Korsett des Alltags gefangen. Sie denkt dabei auch an ihren geschiedenen Mann. »Er hat damals mit einer jüngeren Frau genau das getan, was wir in jungen Jahren gemacht haben – er hat sein Leben noch einmal wiederholt.« Heute fühle er sich nach seinen eigenen Worten »erstarrt« und »gelähmt«. Gleich nach ihrer Rückkehr aus Korea hat er sie angerufen, um Angela zu diesem Schritt zu gratulieren. »Die Kinder hatten ihrem Vater davon berichtet. Ich gestehe es ungern, aber sein Lob hat mich mit Stolz und Befriedigung erfüllt.« Doch auch Neid und Missgunst sind ihr begegnet. »Kannst du dir nach deiner Scheidung keinen normalen Urlaub mehr leisten«, hat eine Nachbarin gesagt, die ebenfalls über 60 Jahre alt ist und seit dem Tod ihres Mannes das Haus nur selten für längere Zeit verlässt.

Angela hingegen ist seit Korea nicht mehr zu stoppen. Sie will wieder hinaus in die Welt. »Im Ausland fühle ich mich jünger als in Deutschland«, sagt sie. Die Menschen seien offener und freundlicher als daheim, nicht so festgefahren. Das Alter spiele eine eher untergeordnete Rolle. »Man wird respektiert und geachtet.« Wenn sie an die Zukunft denkt, will sie nach New York, London oder Paris. »In diesen Städten wollte ich als junges Mädchen leben.« Es muss nicht unbedingt als Granny sein und nicht gleich wieder für ein halbes Jahr. »Aber es soll eine längere Sprachreise werden.«

Auch Korea ist nicht ganz aus ihrem Kopf verschwunden. Sie wird eines Tages wieder hinfahren. »Das steht fest!« Die Familie in Seoul hat ihr versichert, dass sie jederzeit willkommen ist. Die Frau ist auf dem Weg der Besserung. Zur Nachsorge war sie wieder in Deutschland und hat Angela besucht. »Wir haben uns beim Abschied wie Freundinnen getrennt.«

ALMUT (70): ICH BIN NICHT ZU ALT FÜR AUSTRALIEN

Ein ruhiges Rentnerleben würde Almut schnell langweilen. Als medizinische Fachangestellte mit zahlreichen Zusatzausbildungen hat die Kölnerin über drei Jahrzehnte lang eine große Röntgenpraxis »gerockt«. Das Ärzteteam wollte sie nicht gehen lassen, als Almut das Rentenalter erreicht hatte. Doch ihr Mann hat gesagt: »Jetzt ist es genug, Almut. Lass mit 65 gut sein.« Sie wollten gemeinsam viel unternehmen – vor allem wollte das Ehepaar reisen. »Aber dann starb mein Mann einen Tag vor unserem fünfundvierzigsten Hochzeitstag ganz plötzlich an einem Herzinfarkt«, erinnert sie sich. »Mit all meinem medizinischen Wissen konnte ich ihm nicht helfen.«

Der Verlust schmerzt auch heute noch. Der Tod ihres Mannes ist jetzt fünf Jahre her, aber Almut kann ihn nur schwer verwinden. Sie war plötzlich allein – ohne Lebenspartner, ohne Arbeit und ohne ihre drei Kinder. »Die leben weit von Köln entfernt: Ulf in der Schweiz, Hanne in Berlin und Lars in Hamburg.« Alle treffen sich regelmäßig zu Familienfesten. »Wenn ich meine Kinder brauchen würde, wären sie sofort bei mir. Wir sind uns nah – und doch so fern«, sagt Almut. Man telefoniere regelmäßig, schicke Mails hin und her. »Aber es war still um mich herum geworden.« Die Eheleute waren ihr Leben lang auf sich fixiert. »Wir waren uns genug«, beschreibt sie und fügt hinzu: »Doch das war nicht nur gut, denn heute fehlen mir Freunde.« Sie fühle sich einsam. »Mir fehlt dieses Gebrauchtwerden.« Die Kinder wollte sie damit nicht belasten, aber alle drei kennen ihre Mutter gut genug, um ihren Gemütszustand einzuschätzen. »Meine Jungs und Hanne haben gesagt: Du musst raus aus dem Haus, Mama.« Doch die

Kraft zur Eigeninitiative ließ immer mehr nach. »Es gab Tage, da habe ich mit niemandem geredet«, sagt sie.

Es ist ein gutes Jahr her, dass ihre Tochter Hanne sie eines Abends anrief. »Mama, ich habe heute etwas in der ›Berliner Zeitung‹ gelesen, das dich bestimmt interessiert: Hast du schon mal von Granny Aupair gehört?« Hanne berichtete von Frauen, die weltweit als »Leih-Oma« unterwegs sind. »Mein erster Gedanke war: Dafür bin ich mit 70 doch viel zu alt.« Aber ihre Tochter las aus dem Zeitungsbericht vor und so erfuhr Almut, dass viele andere Frauen in ihrem Alter den Schritt schon gewagt haben. Ihre Tochter war ganz euphorisch: »Mensch, Mama, dann kannst du ohne Sorgen reisen, bist bei einer Familie sicher untergebracht und erlebst Land und Leute hautnah.« Auf Drängen ihrer Tochter Hanne ging Almut ins Internetcafé, um sich detailliert zu informieren. Sie war sofort begeistert und ihr Entschluss noch am selben Tag gefasst: »Ich wollte eine Granny werden.« Europa war ihr viel zu nah und viel zu vertraut – sie wollte gleich ans andere Ende der Welt reisen. Mit ihrem Mann hatte sie stets davon geträumt, die Ostküste Australiens von Sydney aus Richtung Cairns hochzufahren. »Die Agentur hatte tatsächlich Australien im Angebot – aber nicht die Ostküste, sondern Tasmanien.« Almut hat nicht lange gezögert und sich angemeldet.

»Ich hatte mein Leben lang Fernweh«, erzählt sie. Als ihr Mann noch lebte, sind beide viel unterwegs gewesen. »Anfangs mit den Kindern im VW-Bus durch Europa, später sind wir dann zu zweit verreist.« Als junges Mädchen hatte Almut von einem längeren Auslandsaufenthalt als Aupair geträumt. Zwei Mitschülerinnen waren damals in die USA gegangen. »Ich habe sie beneidet und abends vor dem Einschlafen herumgesponnen. Ich wollte nach Amerika auswandern oder eine Schaffarm in Neuseeland kaufen, wenn ich erwachsen bin.« Doch als jüngstes von fünf Kindern war nie genug Geld da. Außerdem war ihre Mutter schon sehr krank, als Almut auf die Welt kam. »Ich habe meine Mutter bis zu ihrem frühen Tod gepflegt.« Als die Mutter starb, war Almut erst 18 Jahre alt. »Ich hatte eine unheimliche Sehnsucht nach einer eigenen Familie«, erinnert sie sich. Mit 19 hat sie dann ihren Mann kennengelernt, mit 20 haben die beiden geheiratet, mit 21 war Almut das erste Mal Mutter. »Es war Liebe auf den ersten Blick – und das ist bis zu Helmuts Tod so geblieben.« Gleich nachdem ihr Sohn Ulf geboren war, wurde Almut mit Lars schwanger. Als drittes Kind kam das Nesthäkchen Hanne drei Jahre später auf die Welt. Almut ging ganz in ihrer Rolle als Mutter auf. Als die Kinder die Schule besuchten, hat sie in der Röntgenpraxis angefangen und mit dazuverdient. »Wir waren sparsam, denn in der Anfangszeit fehlte es an allem, doch für einen Urlaub wurde immer Geld zurückgelegt. Der Reisevirus hat uns alle infiziert. Andere Familien haben ein Haus gebaut – wir waren unterwegs.«

Ihr Leben ist turbulent verlaufen. »Bei uns war immer Leben in der Bude.« Dann kamen zwei Enkelkinder auf die Welt, die gern bei Oma und Opa in Köln waren. Bis zum Tod ihres Mannes verlief Almuts Leben glücklich. »Als Helmut dann nicht mehr da war, fühlte ich mich aus der Bahn geworfen«, sagt sie. Das Leben hatte für sie an Sinn verloren. »Nur meine Kinder und meine Enkel sind wichtig – aber die sind weit weg.«

In schwachen Momenten kamen Almut Zweifel an der Granny-Idee. Sollte sie wirklich für fünf Monate nach Australien gehen? Was, wenn die Familie dort sie nicht mochte? Die Deutsch-Australier brauchten eine Betreuung für ihre zweijährige Tochter Sheila. Die Mutter Kylie wollte vormittags wieder als Aushilfslehrerin unterrichten. Almut hat lange das Foto angeschaut, das ihr die Familie geschickt hatte. Sie sah ein lebhaftes Kind mit strohblonden Haaren und Pausbäckchen mit dem Hund im Garten herumtollen. Die kleine Sheila erinnerte sie an ihre Hanne. Sie wurde ganz wehmütig, wenn sie dieses Foto betrachtete.

Außer Almut gab es noch zwei Mitbewerberinnen für das Australienangebot. Jeden Tag ging Almut gespannt ins Internetcafé und checkte ihre Mails. Ob eine der anderen Frauen das Rennen machte? Die Familie hatte sich noch nicht entschieden. »Diese Menschen am anderen Ende der Welt kamen mir schon nach wenigen Wochen so vertraut vor, als ob wir uns seit Jahren kennen würden«, berichtet sie. Sven, der deutsche Gastgeber, hat sich in den Mails gerne über Fußballergebnisse ausgetauscht. »Wir haben uns wie selbstverständlich geduzt und wie zwei alte Bekannte über Fußball gefachsimpelt. Er ist Schalke-Fan. Als Gastgeschenk wünschte Sven sich später Salzlakritz aus Deutschland – noch eine Leidenschaft, die wir teilen.« Er beklagte sich über die australische Lakritze. Sie schmecke einfach nicht.

Eines Sonntagmorgens hat Almut dann spontan mit Australien telefoniert. Zu dem Zeitpunkt war in Tasmanien gerade früher Abend. Die junge Frau am Telefon war reserviert und beinahe unfreundlich. »Nein, wir haben uns noch nicht entschieden«, hat sie gesagt. Ihre Eltern seien zu Besuch und es sei ihnen nicht recht, dass eine fremde Ersatzoma auf ihr Enkelkind aufpassen soll. Nach dem Telefongespräch war Almut niedergeschlagen. »Wie gut, dass nur meine Kinder von dem Plan wussten – ich hatte sonst niemandem etwas erzählt und darüber war ich jetzt froh.« Almut hatte sich bereits von dem Gedanken verabschiedet, als Granny nach Australien zu gehen, als sie drei Tage später eine liebevolle Mail las, die die Familie bereits an dem betreffenden Sonntag geschrieben hatte. Sie sei willkommen, stand da. Die Großeltern hätten Ängste und Bedenken geäußert, aber nun seien sie wieder nach Sydney abgereist und das Ehepaar habe beschlossen: »Wir lassen uns nicht in unsere kleine Familie reinreden – die Granny aus Deutschland soll kommen.« Almut schrieb zurück, dass sie auf Wunsch ein polizeiliches Führungszeugnis vorlegen könne. Sie war kaum zu Hause, als das Telefon klingelte. »Wir brauchen kein Führungszeugnis – du bist uns willkommen«, hat der Vater mehrfach betont. Dann wurden die Formalitäten und Notwendigkeiten besprochen. Almut buchte verbindlich den Flug nach Hobart, der Hauptstadt der Insel, die etwa 250 Kilometer südlich vor Australien liegt. Das

Geld fürs Ticket bekam sie von der Familie vor Ort erstattet. Essen und Unterkunft waren frei. Almut kaufte Lakritze in allen Geschmacksvariationen und bestellte online im Schalke-Shop ein Spieler-T-Shirt für Sven. Für Sheila erstand sie einen Teddy und für die Mama »Echt Kölnisch Wasser« und einen Schlüsselanhänger mit dem Kölner Dom.

Als Almut nach über 20 Stunden Flugzeit endlich in der Ankunftshalle stand und die durch Fotos vertrauten Gesichter hinter einer Glaswand entdeckte, war sie aufgeregt. »Ich war so zappelig wie bei meinem ersten Rendezvous mit Helmut«, sagt sie. Auch die Familie war nervös. »Wir müssen uns erst aneinander gewöhnen«, hat die schüchterne junge Frau gesagt und sich nochmals für das distanzierte Telefongespräch entschuldigt. »Meine Eltern haben mich einfach verunsichert«, erklärte sie den Anruf. Dennoch war die Begrüßung unterkühlter als erwartet. »In den E-Mails war der Ton leicht und locker, ja vertraut und fast familiär – aber als wir uns dann gegenüberstanden, waren wir alle irgendwie gehemmt.« Fast alle: Die kleine Sheila lief sofort freudig auf »ihre« Granny zu und gab ihr die Hand. Nach der Ankunft im Haus der Familie gab es erst mal eine kleine Führung. Der große Garten grenzt an einen idyllischen Bach, der Blick auf einen urtümlichen Wald ist von allen Seiten unverbaut. Das hundert Jahre alte Haus ist für australisches Geschichtsverständnis fast historisch. Die junge Mutter Kylie erklärte, wo was in welchen Schränken zu finden sei und was Sheila dürfe und was nicht. »Feel free«, sagte sie zu Almut. Aber die anfängliche Scheu wich erst ein wenig, als Almut ihre Gastgeschenke auspackte. »Sven hat sich riesig gefreut und sofort aus drei Tüten parallel Lakritze genascht.«

Sie hatte in dem Haus ein eigenes Zimmer, musste sich aber das Bad mit der Familie teilen. »Das machte mir nichts aus – ich war morgens als Erste auf und habe mich dann gleich um Sheila gekümmert«, sagt Almut. »Die Eltern waren dankbar, weil sie ausschlafen konnten.« Doch das Verhältnis zwischen Granny und Gastgebern blieb lange Zeit reserviert. Almut ist nicht die Frau, die gern über ihre Gefühle spricht. »Wir haben uns ausgetauscht und auch aus unserem Leben erzählt«, berichtet sie. Aber wirkliche familiäre Nähe, die sich in den vielen Mails angedeutet hatte, sei nicht entstanden. Man ging sorgsam miteinander um. »Bei allem darf man nicht vergessen, dass man zu Gast ist«, sagt Almut. Beide Seiten gehen ein Risiko ein: die Granny und die Familie. Ohne gegenseitige Rücksichtnahme, Vertrauen und Verständnis sowie ein ausgeprägtes Verantwortungsgefühl kann viel schiefgehen. Obwohl Almut aus Köln kommt, ist sie keine typisch rheinische Frohnatur, sondern eine besonnene, eher stille Frau. Sie denkt drei Mal nach, bevor sie redet, und wägt ihre Worte sorgsam ab. Trotzdem sei die Kommunikation mit Kylie schwierig gewesen. Das australische Englisch ist schwer zu verstehen. Hin und wieder kam es zu Missverständnissen, die der deutsche Vater erst abends nach der Arbeit ausräumen konnte. Sie sei übervorsichtig mit der kleinen Sheila gewesen und habe das quirlige Kind vielleicht zu sehr umsorgt. »Wenn man auf fremde Kinder aufpasst, ist man ängstlicher als mit den eigenen«, sagt sie.

Als Granny muss man bereit sein, sich anzupassen und auch zurückzustecken. Für Menschen, die ihren Kopf durchsetzen wollen, ist Granny Aupair ungeeignet. Manchmal sei sie in Tasmanien auch einsam gewesen – einsamer noch als in Köln. In dem Haus gab es keinen Fernseher und nur ein Radio im Wohnzimmer. Der Weg ins Zentrum von Hobart war weit. »Der Bus fährt nur zwei Mal am Tag und zu Fuß ist die Strecke bergauf zum Haus ein anstrengender Marsch.« Außerdem war es kälter und regnerischer, als Almut erwartet hatte. Abends hat sie sich hingesetzt und Tagebuch geschrieben. »Manchmal habe ich mir meinen Laptop geschnappt und Musik gehört – man muss die Ruhe mögen, um sich in einem Haus so fernab von der Stadt wohlzufühlen.«

Zwischendurch kamen ihr auch Zweifel, ob die Idee, als Granny gleich ans andere Ende der Welt, ins 17 000 Kilometer entfernte Tasmanien, zu reisen, wirklich gut gewesen ist. Das Rückflugticket sei aber ein »Sicherheitsventil« gewesen. Manchmal habe sie im Internet die Abflugzeiten von Hobart nach Frankfurt studiert. »Es gibt für Grannys keine vertraglichen Verpflichtungen zu bleiben«, sagt sie. Doch dann hat sie wieder zu ihrem Reiseführer gegriffen und gelesen, was es in Tasmanien alles zu sehen gibt. »Unsicherheit und Freude haben sich im Lauf der Zeit gegenseitig aufgehoben – ich bin geblieben.« Dafür ist Almut heute dankbar. »Jedes Mal, wenn Sheila auf meinen Schoß gekrabbelt ist, ist mir das Herz aufgegangen.«

Die Granny ist viel allein in Tasmanien umhergereist und hat jedes freie Wochenende genutzt, wenn die Eltern zu Hause waren. Sie hat vom Mount Wellington aus auf die Hauptstadt Hobart geschaut und sich sogar den Traum erfüllt, für zwei Wochen an die Ostküste Australiens, nach Brisbane in Queensland zu fliegen. Dort unternahm sie eine Tauchtour zum berühmten Great Barrier Reef und fuhr anschließend mit dem Leihwagen bis nach Cairns hoch – so wie sie es damals mit ihrem Mann geplant hatte. Zum Abschied hat die Familie ihrer Granny eine Spritztour zu den berühmten Wasserfällen Lilly Falls geschenkt.

Die Verabschiedung am Flughafen war liebevoll. »Komm bald wieder«, hat Kylie gesagt und Almut in den Arm genommen. Sheila, die am Ende ihres Aufenthalts sogar ein paar Worte auf Deutsch brabbeln konnte, hat ein leises »Tsüsss« gelispelt und Sven hat um regelmäßige Fußball-News über Schalke gebeten. Almut musste sich schnell umdrehen und gehen, um nicht zu weinen. »Dabei bin ich kein sentimentaler Mensch.« Unterm Strich bereut sie »nicht einen Tag«, den sie in Tasmanien verlebt hat. Sie habe viel erfahren. »Nicht nur über das Land, auch über die Menschen und mich.« Sie sei mutiger, selbstbewusster und vor allem offener heimgekehrt. »Im täglichen Leben bin ich gelassener geworden. Das habe ich den Australiern abgeguckt. Sie sind im Umgang miteinander freundlicher und rücksichtsvoller als wir hier in Deutschland.« Im Supermarkt werde man nicht ständig angerempelt. Es sei selbstverständlich, sich in einer Schlange geduldig anzustellen. »Jeder wird mit einem Lächeln und mit einem freundlichen

›Good Day‹ begrüßt.« Auch der Umgang mit den »Alten« sei Down Under anders. Die Jahreszahl in der Geburtsurkunde sei eher bedeutungslos. Der Mensch werde nicht nach seinem Aussehen, dem Erfolg im Beruf, der PS-Zahl seines Autos und nach dem gesellschaftlichen Status eingestuft. Wesen und Charakter, Hilfsbereitschaft und Humor seien ausschlaggebend für die Anerkennung der Australier.

Almut will auf jeden Fall wieder als Granny Aupair los. Nur ans andere Ende der Erde wird sie so schnell nicht wieder reisen.

LINDA (66): IN PORTUGAL FAND ICH FAMILIENANSCHLUSS

Lady Liberty strahlt im Gegenlicht und ist ganz und gar in goldene Abendsonne getaucht. Linda hat das Foto der Freiheitsstatue in New York selbst aufgenommen. Es hängt in einem silbernen Rahmen in der gemütlichen Essecke ihrer kleinen Hamburger Wohnung. Daneben ein witziges Poster mit einem gezeichneten Straßenplan von »Old New York«. Amerika ist ihr Sehnsuchtsland. »Ich liebe Amerika«, sagt die 66-Jährige und erzählt, wo sie in den USA schon überall herumgereist ist: »In Philadelphia war ich, in Texas, in Kalifornien, und in Utah bin ich durch die Wüste gefahren – diese Weite, dieser Himmel, diese Freiheit …«, schwärmt sie. Ihr Sohn arbeitet für eine deutsche Firma in Pennsylvania. »Natürlich habe ich ihn dort auch schon besucht.« Doch als Granny Aupair ist Linda dann nicht nach Amerika gereist, sondern für ein Vierteljahr nach Portugal gegangen. Sie hatte dabei einen winzigen Hintergedanken: »Ich wollte bei einem längeren Aufenthalt in einer Familie die Sprache lernen und mich so auf eine spätere Reise nach Südamerika vorbereiten.« Doch die Familie in Porto hatte eine ganz andere Intention, als sie sich für eine deutsche Granny entschied: Die sollte nämlich mit den Kindern Áurea und Pio so oft wie möglich Deutsch sprechen, denn ihre Mutter Teresa liebt alles, was deutsch ist: die Sprache, das Essen, die Menschen und das Land. Die Portugiesin arbeitet als Sekretärin in einer deutschen Firma und kann sich gewandt in ihrer Lieblingssprache ausdrücken. Die Familie ist finanziell gut gestellt. Der Mann arbeitet als selbstständiger Unternehmensberater, und das Geschäft läuft. Das Ehepaar ist wertkonservativ und möchte die beiden Kinder durch das Vorlesen aus Büchern, klassische Musik und gemeinsame Spieleabende fördern. Fernsehgucken ist tabu, weshalb es im Haus auch keinen Fernseher gibt. Deutsche Dichter wie Goethe und Schiller, deutsche Komponisten wie Bach und Beethoven genießen in der Familie großes Ansehen.

Bevor Linda dann endgültig in Hamburg ins Flugzeug gestiegen ist, haben beide Seiten häufig miteinander telefoniert und hin und her gemailt, um ihre Vorstellungen von einem Zusammenleben auf Zeit abzustimmen. »Ich habe gleich gesagt, dass ich nicht als Putzfrau und Haushaltshilfe komme«, erinnert sich Linda. Doch das hatte die Familie in Portugal auch gar nicht erwartet – im Gegenteil: Sie waren auf ein Familienmitglied eingestellt. Die Familie hat die Flugkosten übernommen und für sie ein schönes Zimmer im Souterrain des großen Hauses hergerichtet, außerdem konnte Linda über ein Auto frei verfügen. Trotzdem hatte Linda irgendwie ein »leicht flaues Gefühl im Magen«, nachdem die Maschine in Porto gelandet war. Immer wieder hatte sie die Worte einer Freundin im Ohr, die sie vor der Reise gewarnt hatte: »Du kennst die Leute doch gar nicht – wer weiß, was da auf dich zukommt?« Aber mit dem Plan B in der Tasche fühlte sich die Hamburgerin sicher und dachte: Was kann mir denn schon passieren? Wenn es mit uns nicht klappt, dann reise ich eben eine Weile durch Portugal und fliege anschließend einfach wieder nach Hause. Außerdem war ja über alles vorher explizit geredet worden, Erwartungen wurden – so weit wie möglich – formuliert, Wünsche thematisiert und finanzielle Bedingungen abgesprochen. Es war Linda wichtig, dass auf beiden Seiten Klarheit herrschte, um Überraschungen nach Möglichkeit auszuschließen. Sie mag klare Verhältnisse.

Ihren eigenen erwachsenen Kindern hatte die Granny vorsichtshalber lange nichts verraten. »Ich wollte erst alles in trockenen Tüchern haben.« Erst als der Flug gebucht und alles unter Dach und Fach war, schickte sie ihrem Sohn eine Mail: »Du, ich bin dann mal eben weg – für drei Monate.« Ihrer Tochter und ihrem Enkel Moritz sagte sie erst wenige Tage vor der Abreise, dass sie sich nun nach Portugal aufmache und für längere Zeit nur über Mail und Webcam mit ihnen kommunizieren könne. Für alle war es eine wirkliche Überraschung, aber unterm Strich fanden sie Lindas Entschluss und ihr Engagement toll. Moritz sagte nur zwei Worte: »Typisch Oma!«

Auch in Portugal waren die Erwartungen groß – und auch dort stellten sich plötzlich Bedenken ein, allerdings nur bei einem Familienmitglied. Als man Richtung Flughafen fuhr, um die Granny abzuholen, fragte der sechsjährige Pio: »Was machen wir, wenn sie hässlich und doof ist?« Dann wollte er nicht aus dem Wagen steigen, um die »Oma aus Deutschland« in der Ankunftshalle zu begrüßen. Mit seinen blauen Augen blickte er sie fragend an, als Linda ins Auto stieg, gab ihr brav die Hand und sagte höflich: »Bom dia.« Die Granny überraschte ihn mit einem deutschen Fußballtrikot, was ihr gleich Pluspunkte einbrachte. Bis sie zu Hause ankamen, war das Eis gebrochen.

Drei Wochen später stand dann schon die erste große Granny-Prüfung an, auf die Linda nicht vorbereitet war: Die Eltern mussten für eine Woche geschäftlich nach Belgien reisen und ließen sie mit den beiden Geschwistern allein. Linda war nicht wirklich begeistert von dem Plan. Was, wenn die Kleinen plötzlich Sehnsucht nach Mama und Papa haben würden? Auch die Verständigung mit den Kindern in holprigem Portugiesisch-Deutsch klappte nicht wirklich gut und bestand am Ende aus einer einzigen Mit-Händen-und-Füßen-Kommunikation. Manchmal wollten die beiden kleinen Schlaumeier ihre Granny einfach nicht verstehen und plauderten eifrig in Portugiesisch miteinander: Hände waschen? Beim Essen am Tisch sitzen bleiben? Teller leer essen? Wir haben nichts verstanden …!

Tagsüber gingen die drei gemeinsam ans Meer. Der feine Sandstrand liegt nur wenige Minuten vom Haus der Familie entfernt. Dort hatten dann alle ihren Spaß, spielten Frisbee, tobten in den Wellen, bauten Sandburgen und aßen Eis. Aber abends flossen dann doch dicke Tränen, denn die Kleinen vermissten Mama und Papa schmerzlich. In diesem Fall halfen auch die Kuscheltiere nicht richtig. Mit allerlei Tricks hat Granny Linda versucht, die elternlose Zeit zu überbrücken. So hat sie mit den Kindern einen Kalender gebastelt, und jeden Abend vor dem Zubettgehen wurde der vergangene Tag mit einem dicken Stift ausgestrichen. Dies verkürzte die Zeit bis zur Rückkehr der Eltern zumindest optisch. Aber Linda kennt noch einen Trick, der schon bei ihren eigenen Kindern gut funktioniert hat und für gute Laune sorgte: Sie sang das Kinderlied »Drei Chinesen mit dem Kontrabass« und schnitt dazu Grimassen. Spätestens bei der dritten Strophe und dem Refrain »Dri Chinisin mit dim Kintribiss« waren die Tränen getrocknet. Ihr Bett hat die Granny allerdings die ganze Woche über mit Pio und Áurea teilen müssen. Gleich nach dem Gutenachtkuss tapsten die beiden wortlos aus ihren Kinderzimmern zu Linda ins Gästezimmer hinüber, kuschelten sich unter ihre Decke und verstanden wieder kein Wort, wenn Linda versuchte, ihnen klarzumachen, dass sie gefälligst in ihren eigenen Betten schlafen sollten. Schließlich gab sie sich in der Bettenfrage geschlagen. »Als dann auch noch die Katze der Familie in mein Bett gekrochen kam, habe ich kein Auge mehr zugetan!« Denn: »Dieses Bett war lediglich einen Meter sechzig breit.«

Als die Eltern dann nach acht Tagen endlich aus Belgien zurückgekehrt waren, gehörte Granny Linda voll und ganz zur Familie. Selbst Freunde und Verwandte der Portugiesen, die vorher der Granny-Idee eher skeptisch gegenübergestanden hatten, behandelten Linda wie ein neues Familienmitglied. Sie war bei Grillabenden und Ausflügen dabei, wurde in den Familienurlaub mitgenommen und zu jeder Zeit voll und ganz in das Privatleben dieser aufgeschlossenen Familie integriert. Das Vertrauen, das die Granny von Anfang an genoss, hat sie selbst überrascht und auch sehr gerührt. Die Mutter hat sogar berufliche Probleme und Sorgen mit Linda besprochen. »Zwischen uns bestanden bei all der Nähe unglaublich viel Respekt und eine gewisse liebevolle Distanz.« Es blieb beim deutschen Sie, was Linda als sehr angenehm empfand. In dem großen schönen Haus konnte sie sich bewegen, als sei es ihr eigenes. Sie hatte Schlüssel für alle Türen und machte Ausflüge mit dem Auto, wenn ihr danach zumute war. Bei allem Eingebundensein konnte sie sich frei und unabhängig fühlen. Sie nahm sich Zeit für sich und genoss diese Mischung aus Verantwortung und Zusammengehörigkeitsgefühl auf der einen Seite, aber auch ihre Unabhängigkeit und ein Urlaubsfeeling auf der anderen Seite. Obwohl Linda vorher Wert auf die Feststellung gelegt hatte, dass sie nicht zum Kochen nach Portugal reise, kam sie auch mal dem Wunsch der Familie nach und bereitete Gulasch zu.

Abends saß man beim Wein zusammen, plauderte und lachte viel. Doch mit wachsender Nähe kamen auch immer häufiger ernste Fragen auf. Deutschland und die Eurokrise, Deutschland und die Neonazis, Deutschland und die Führungsrolle in Europa – um nur drei kritische Gesprächsthemen zu nennen. »Ich habe mich die ganze Zeit über als Vertreterin unseres Landes gefühlt und ein Stück weit Verantwortung für das Ansehen unseres Landes im Ausland gespürt«, sagt Linda nachdenklich. Sie hält den persönlichen Eindruck, den man als Deutsche – ganz gleich ob als Granny oder Urlauberin – im Ausland hinterlässt, für enorm wichtig. Für Linda trägt das im Kleinen zum großen Frieden in Europa bei. Man könne Vorurteile verstärken oder ihnen positiv entgegenwirken. Natürlich prallen bei Begegnungen mit Menschen unterschiedlicher Nationen auch »Welten« aufeinander. Die Realität ist nicht selten vom Traum, den man bei der Ankunft gehabt hat, meilenweit entfernt. In Portugal hat Linda beispielsweise mit viel mehr Temperament und Lebensfreude gerechnet. Doch sie hat die Menschen im Norden des Landes eher introvertiert und sehr bodenständig erlebt.

Nicht immer verläuft alles harmonisch, darauf muss man als Oma auf Zeit vorbereitet sein. Linda umschreibt ein »kleines« Problem charmant mit der Formulierung »unterschiedliche Vorstellungen von Pünktlichkeit«. In ihrem Tagebuch steht gleich an mehreren Stellen, dass sie sich »diesen Abend eigentlich anders« vorgestellt hatte. Statt wie versprochen zur abgemachten Zeit nach Hause zu kommen, verspäteten sich die Eltern gern schon mal um eine Stunde oder auch zwei. Da Linda sich für die Kinder verantwortlich gefühlt hat, blieb sie an diesen Abenden im Haus, auch wenn sie gerne etwas unternommen hätte. »Ich habe den Eltern allerdings auch sehr klar zu verstehen gegeben, dass ich mich über ihr Zuspätkommen geärgert habe«, sagt sie und rät jeder Granny, mit der eigenen Meinung nicht hinter dem Berg zu halten. Sprachliche und kulturelle Unterschiede seien nur mit einer größtmöglichen Offenheit und dem klaren Formulieren eigener Bedürfnisse unfallfrei zu meistern.

Während ihrer dreimonatigen Zeit als Granny hatte Linda hinreichend Zeit, das zu tun, was sie schon immer am liebsten gemacht hat: reisen! Sie hat das Land vom äußersten Norden bis hinunter in den Süden erkundet, ist manchmal einfach an den Wochenenden allein ins Auto gestiegen und losgefahren. Sie war in Lissabon shoppen, hat Schlösser und Burgen besichtigt und die Region um den Fluss Douro – die zu den ältesten Weingegenden der Welt zählt und bereits seit 1756 herkunftsgeschützt ist – ausgiebig erkundet. »Das Dourotal gehört zum Welterbe der Unesco«, sagt sie und lässt auf ihrem Laptop eine Diashow laufen. »Hier werden exzellente Weine wie der weltberühmte Portwein hergestellt«, erläutert Linda und verrät, dass sie in traditionellen Tavernen manch edles Tröpfchen probiert hat. Die Fotos zeigen eine lebenslustige Frau, die auf den meisten Aufnahmen herzlich lacht. Linda wirkt jung – ein Adjektiv, das sie gar nicht gerne hört. »Ich mag es nicht, wenn Menschen aufs Alter reduziert werden«, sagt sie energisch. Ein Satz, obwohl meist als Kompliment gemeint, macht sie so richtig wütend: »Sie sehen für Ihr Alter gut aus!« Dann fragt sie immer: »Wie muss ich denn mit 66 aussehen?« Wie viele aktive Damen ihrer Generation hasst sie es, sich ständig Gedanken übers Alter machen zu müssen. »Jung sein ist keine Charaktereigenschaft – und es kommt doch auf den Charakter eines Menschen an, oder?!«, fragt sie provozierend. Was sie am Älterwerden stört, ist der Verlust von allem, was ihr früher körperlich leichter gefallen ist. Sie umschreibt den Zustand mit »wenig schlafen und trotzdem am nächsten Tag viel schaffen«.

Linda gehört zu den Frauen, die ihr Leben lang beruflich engagiert waren und immer versucht haben, alles zu wuppen. Sie war in vielen Bereichen tätig, hat Erfolg gehabt und unterschiedliche Karrieren gemacht. Als ihr Mann noch studierte, war sie diejenige, die das Geld nach Hause gebracht hat, später hat sie zwei Kinder großgezogen. Bei all den Herausforderungen war sie unglaublich mobil, ist ohne zu murren von München nach Hamburg und von dort nach Berlin gezogen, hat dann in Frankfurt und später in Baden-Württemberg auf dem Land gelebt. Schließlich ist sie in die Großstadt zurückgekehrt. Für Immobilienfirmen hat sie Wohnobjekte verwaltet, für Verlage als Journalistin Artikel geschrieben, in einem Anwaltsbüro hat sie sich mit juristischen Texten auseinandergesetzt und zuletzt war sie bis zu ihrer Pensionierung bei einer Bank als Sachbearbeiterin für das Immobilienmanagement zuständig. Ganz nebenbei hat sie sich in Abendkursen weitergebildet, Sport getrieben und den Freundeskreis gepflegt. »Es war eine selbstständige und freie, aber auch eine anstrengende und unruhige Zeit«, sagt sie im Rückblick nachdenklich. Durch die viele Arbeit verlor Linda ihre Partnerschaft aus den Augen. Sie lebten sich auseinander – und verstummten. »Mir wurde immer bewusster, dass ich eigentlich nur noch funktioniere.« Linda fragte sich häufig: Wo bleibe ich eigentlich mit meinen Bedürfnissen, Träumen und Wünschen? Die Menschen in ihrem Umfeld bemerkten von alledem nichts. Für sie war Linda stets eine verlässliche Größe. Ganz gleich, was geschah, es hieß: Unsere Linda, die schafft das schon! Dass sie dabei ihre Fröhlichkeit verlor, dass ihre Lebendigkeit auf der Strecke blieb – all das bemerkte nur sie selbst.

Als Linda dann Anfang der 1990er-Jahre einen schweren Bandscheibenvorfall erlitt, wusste sie: »Ich habe mir einfach zu viel auf die Schultern geladen!« Ganz Zahlenmensch setzte sie sich hin, las Statistiken über die Lebenserwartung berufstätiger Frauen und ließ ihr

Leben Revue passieren. Dann zog sie Bilanz und fragte sich: Will ich noch 30 Jahre so weiterleben? Ihre Antwort war eindeutig: nein! Die Kinder waren erwachsen, als sie sich dann von ihrem Mann trennte. Sie zog aus dem gemeinsamen Haus aus und machte sich auf in ihr neues Leben. »Ohne Rückfahrkarte!« Schon bald wurde die Ehe geschieden, das Haus verkauft. »Alle waren erschrocken, niemandem war aufgefallen, dass ich schon lange nicht mehr richtig glücklich war und mit meinem Alltagstrott gehadert habe.« Auch sie hatte an dieser Erkenntnis anfangs zu knabbern.

Doch das Wagnis, eine neue Richtung einzuschlagen, war die richtige Entscheidung. Die weltoffene, lebensfrohe und umtriebige Frau machte sich wie befreit auf den Weg. »Ich war in Mexiko, auf Bali und natürlich in den USA.« Allein zu reisen wurde für sie nur dann zum Problem, wenn es besonders schön war. »Den Genuss eines besonders delikaten Essens, einen außergewöhnlichen Sonnenuntergang am Meer und andere beeindruckende Erlebnisse möchte ich gern mit anderen Menschen teilen«, sagt sie nachdenklich. Mit ihrem Enkel Moritz geht das. Die beiden waren gemeinsam in Schweden und Irland, in der Bretagne und in Kalifornien. »Aber je älter Moritz wird, umso weniger gern mag er mit seiner Oma verreisen.« Wer hätte mehr Verständnis dafür als Linda, der Unabhängigkeit immer wichtig war. Und so wird sie sich wohl wieder allein aufmachen. »Es gibt so viele Länder und Kulturen, die mich reizen!« Sie will unbedingt nach Australien und China, auf jeden Fall nach Peru und Guatemala. Ob sie als Granny in eines dieser Länder aufbrechen wird, weiß sie noch nicht. Wenn ja, dann soll es ein soziales Projekt sein. Vielleicht in Indien? Erst mal ist sie zu einer Familie nach New York gereist. Sie schrieb begeistert eine Postkarte: »Diese Stadt ist pure Energie – ich fühle mich wie 25!«

ANNI (67): STATT NACH AFRIKA GING ICH NACH WIEN

»Meine Oma hatte ihre grauen Haare auf dem Hinterkopf als Knoten zusammengebunden, sie trug lange Faltenröcke und beim Kochen einen Kittel«, so beschreibt Anni ihre Großmutter. Außerdem hatte die alte Frau wegen einer schmerzhaften Venenentzündung ihre Beine in Bandagen gewickelt. »Sie war eben eine richtige Oma«, sagt die Münchnerin und meint, dass Frauen im Alter ihrer Großmutter heute einfach jünger wirken. Wie man mit 67 Jahren aussieht, spielt für die ehemalige Sportlerin durchaus eine Rolle. »Ich bin zweifache Großmutter. Und? Sehe ich etwa aus wie eine zweifache Großmutter?«, fragt sie provozierend. Nein, natürlich nicht. Aber wäre das schlimm? Am Begriff »Granny« habe sie sich gestört, »die Idee ist wunderbar – aber der Name ... Hätte man da nicht eine charmantere Bezeichnung finden können?«

Doch wie will man einen befriedigenden Begriff finden, der allen Altersängsten und Befindlichkeiten gerecht wird und »charmant« ist? »Seniorin« klinge keineswegs besser, gibt sie zu bedenken. Ist »Oma« ein Schimpfwort, der Begriff »Granny« eine Beleidigung? »So sehen es leider viele Junge in unserer Gesellschaft.« Eine passende Bezeichnung für die Frau jenseits der 50 fällt Anni auch nicht ein. In ihrem Damenkränzchen wurden Begriffe hin- und hergewendet und ernsthaft diskutiert. Die Generation 50 plus fühle sich lieber als »Best Ager« und »Silver Surfer«, war die Meinung. »Ich spüre das Alter – das reicht mir«, sagt Anni. Älterwerden bringe Herausforderungen mit sich, die Kraft kosten. »Alt werden ist nichts für Feiglinge – wie schon Joachim Fuchsberger gesagt hat«, zitiert sie ihren Lieblingsschauspieler, der »immer noch gut aussieht«. Sie ist Mutter von drei erwachsenen Töchtern und hat zwei Enkel im Alter von vier und sieben Jahren. Sie betont, dass es nicht die Fältchen im Gesicht sind, die sie stören. »Es ist die Steifheit am Morgen, wenn ich nach dem Aufstehen meine Glieder sortieren muss. Das nervt!«

Anni ist ungeduldig und war schon immer streng mit sich. Sie ist diszipliniert durch die Jahre gegangen: morgens 50 Minuten Laufen, drei Mal in der Woche Schwimmen – Sport war für sie ein Muss. Mit nachlassenden körperlichen Kräften konnte sie sich anfangs nur schwer abfinden. Es war ein leichter Schlaganfall, der Anni vor vier Jahren »von jetzt auf gleich« ausgebremst hat. »Es hat lange gedauert, bis ich mir eingestanden habe, dass Waldspaziergänge ab jetzt besser für mich sind als ein ausgedehntes Lauftraining zur Vorbereitung auf den nächsten Marathon in Berlin.«

Sie war ihr Leben lang topfit, voller Energie und Kraft, aber nun, mit 67, ist sie durch den Schlaganfall leicht gehbehindert. »Ich ziehe das Bein nach und kann nichts dagegen machen.« Es nervt sie, dass es ein »körperliches Problem« gibt, das sie nicht lösen kann. Und ihr Umfeld – ehemalige Sportler und Athleten – ist keineswegs nachsichtig. Anni ist nicht mehr so flott in der vierten Etage, wo ihre Freundin Ellen wohnt. Ellen war ebenfalls Sportlehrerin. »Sie ruft dann von oben durchs Treppenhaus: ›Wo bleibst du denn, Anni?‹« Das ärgert sie. »Dann kommen die Ratschläge – ich müsse mehr trainieren und so.«

Dabei weiß Anni, dass sie sich mehr Ruhe gönnen muss. Es tut ihr gut, täglich ein Mittagsschläfchen einzulegen. »Mir ist bewusst, dass meine geistige Fitness ein Geschenk des Himmels ist«, sagt sie. Doch als Folge des Schlaganfalls kamen häufiger düstere Gedanken auf. Es sei die Angst vor dem »Ende«, vor der »Ziellinie am Friedhof«. Der Tod habe früher keinen Raum in ihrem Kopf eingenommen – aber plötzlich war er ein ständiger Begleiter. Ihre Tochter Lisa schickte sie zum Therapeuten, der bei Anni eine leichte Altersdepression diagnostizierte. Er empfahl Antidepressiva und einfache Meditationstechniken, um wieder in ihre Mitte zu finden. Als »geistige Krücken« bezeichnet sie das, was sie sich aus buddhistischer Literatur angelesen hat. Doch die Worte haben geholfen. »Man darf sich nicht von negativen Denkmustern beherrschen lassen. Die Haltung uns selbst gegenüber sollte positiv und liebevoll sein«, sagt sie und fügt hinzu: »Schlechte Gefühle, Traurigkeit und Ängste haben viel mit der eigenen Einstellung zu tun – aber auch mit der Haltung, die die Gesellschaft älteren Menschen entgegenbringt.« Wie solle man »positiv drauf sein«, wenn man in die Wertlosigkeit und Isolation gedrängt werde?

Als Granny hat sie sich aus »diesem Teufelskreis« befreit. Dabei spielte ihre Tochter Lisa eine wichtige Rolle. Sie war besorgt über den psychischen Zustand der Mutter und recherchierte Lösungen, suchte nach einer Beschäftigung, nach Projekten. Beim Surfen im Internet fand Lisa Berichte über die weltweite Arbeit der Granny Aupairs. »Schau mal, Mami, ist das nicht etwas für dich?« Erst war Anni misstrauisch, dann hat sie mit ihren drei Töchtern wochenlang darüber diskutiert, ob sie überhaupt als Granny geeignet sei. »Du warst und bist uns eine fantastische Mutter und Oma – wie könntest du als Granny ungeeignet sein?« Lisas Worte gaben den Ausschlag. »Meine drei Mädels waren von der Idee angetan und haben mich von Anfang an unterstützt.« Im Freundeskreis hingegen hätte sie die Idee lieber nicht erwähnen sollen. Es gab nur Bedenkenträger und Miesmacher. »Als Putzfrau kannst du auch in Deutschland arbeiten«, haben einige der Damen aus dem ehemaligen Lehrerkollegium geunkt. Es hieß beim Kaffeeklatsch: »Du hast dich doch lange genug mit den renitenten Kindern fremder Leute herumgeärgert!« Doch ihre Töchter hielten dagegen. Abends saß Anni mit ihnen zusammen, man drehte den Globus und suchte Länder aus. »Es gibt auf der Welt Zivilisationen, die ihre Alten achten und wertschätzen – Grannys, die dort einige Zeit verbracht haben, sind glücklich heimgekehrt«, hat Lisa gesagt und der Mutter Zeitungsausschnitte mit Erfahrungsberichten vorgelegt. Genau das wollte Anni: als Granny Aupair in ein Entwicklungsland der

Dritten Welt. Bevor sie sich bei der Agentur anmeldete, ging sie zum Tropenmediziner, um sich beraten zu lassen. »Selbst der war von der Idee begeistert und hat mich bestärkt«, erzählt sie. Anni informierte sich über die Möglichkeiten der Malariaprophylaxe, erkundigte sich über wichtige Impfungen und holte aus der Apotheke Insektenschutzmittel. »Ich dachte an Indien, Afrika oder die Südsee.«

Doch es kam ganz anders: Anni reiste als Granny mit dem Zug von München nach Wien und half dort einer alleinerziehenden berufstätigen Mutter ein halbes Jahr lang im Haushalt. Sie hatte den »Notruf« auf der Internetseite gelesen. Die junge Frau suchte händeringend Hilfe – sie war mit ihren beiden Kindern Anna (3) und Benny (5), die tagsüber im Kindergarten und danach bei einer Tagesmutter untergebracht waren, völlig überfordert. Österreich statt Afrika? Nach einem kurzen Telefonanruf in Wien stand ihr Entschluss fest: So sollte es sein! »Ich habe mich von dem Foto der Mutter und den beiden Kindern angesprochen gefühlt«, erinnert sie sich. »Die Augen der Wienerin waren so traurig – mir war klar, dass sie geradewegs auf einen Burnout zusteuerte. Mit ihren 32 Jahren schien sie schon am Ende ihrer Kräfte.« Gleich nach der Geburt der kleinen Anna hatte sich der Mann aus dem Staub gemacht und die junge Frau auf einem Schuldenberg sitzen lassen. Rosa besserte als Reisebüroangestellte ihr mageres Budget nach Dienstschluss mit Stadtführungen durch Wien auf. Freundinnen und die Nachbarin kümmerten sich dann vorübergehend um die Kinder. »Doch das war auf Dauer kein Zustand«, sagt Anni. »Niemand hat richtig gekocht, im Haushalt blieb vieles liegen und die Kinder wurden zwangsläufig oft sich selbst überlassen. Wenn die Mutter abends nach Hause kam, war sie übermüdet.« Die energische Granny aus Deutschland hat sofort erkannt: »Hier ist Not am Mann«, hat die Ärmel hochgekrempelt und mit angefasst. »Sie ist wie ein Engel ins Haus geflattert«, sagt die Wienerin und Anni meint: »Ich habe eine vierte Tochter gewonnen.«

Gleich als sie Anni vom Bahnhof abholte, sind bei der jungen Frau

Tränen geflossen. »Ich bin froh, dass Sie da sind – ich brauche Hilfe«, sagte Rosa bei der Begrüßung offen und ein wenig überfallartig. Anni, sonst eher reserviert, hat sich von Rosa emotional angesprochen gefühlt, und so hat sie ihr gleich das Du angeboten. »Das ist für mich ganz ungewöhnlich.« Außerdem habe sie versprochen: »Wir werden das Kind schon schaukeln.« Als sich die Tür zu der Altbauwohnung öffnete, habe sie schlucken müssen. Mit 90 Quadratmetern sei die verwinkelte dunkle Wohnung recht klein für vier Personen gewesen. »Rosa hat mir ihr Bett überlassen und auf der Couch geschlafen«, ansonsten wurde alles geteilt: das Bad, die Küche, das Wohnzimmer. Eine Möglichkeit sich zurückzuziehen, ein wenig Privatsphäre – das gab es nicht. »Wir haben auch die Lebenshaltungskosten geteilt.« Mal bezahlte Rosa die Einkäufe, mal die Granny. »Es ist zwar anders abgesprochen gewesen, doch es hat mir nichts ausgemacht, ich habe ja eine gute Pension«, sagt Anni nüchtern. Sie sah die finanziellen Sorgen der jungen Frau. Tagsüber, wenn die Kinder bei der Tagesmutter waren, hat Anni eingekauft, gekocht und den Haushalt geführt. »Ich fühlte mich in Wien sofort zu Hause.« Sie ließ sich auf dem Naschmarkt treiben, probierte sich durchs Angebot und war bald Stammkundin an einem ganz bestimmten Gemüsestand. »Frische Zutaten sind nicht nur gesund, sondern auch lecker – meine neue Familie hat kräftig zugegriffen und meine Kochkunst geschätzt.«

»Für mich waren diese sechs Monate mit Anni wie ein Wellnessurlaub«, meint Rosa. Mit der Ansage: »Du musst nach der Arbeit physisch und psychisch runterkommen«, rollte die Granny jeden Abend die Yogamatte aus und praktizierte mit ihr, was sie selbst gerade erst gelernt hatte: Meditation, Atemübungen, Dehnen und Strecken. Ganz Sportlehrerin, stand Bewegung an frischer Luft auf der To-do-Liste. Mindestens drei Mal in der Woche ging es raus in die Natur. »Dabei hatten auch die Kinder viel Freude. Wir sind an den Wochenenden ins Umland gefahren, haben mehrere Donauschifffahrten unternommen und sind im Wienerwald gewandert.« Die österreichische Reisefachfrau bedankte sich mit ihrem Spezialwissen bei der Granny und führte sie kundig durch die Stadt. »Wir haben alle Wiener Spaziergänge unternommen, für die Touristen Geld bezahlen müssen.« Anni kennt jetzt die Altstadt zwischen den Stadtmauern und dem Judenplatz, ist in Hundertwassers Fantasien eingetaucht und hat die Kaffeehäuser vom Hawelka bis zum Demel durchprobiert. »Es gibt so viel in der Altstadt von Wien zu entdecken, Geschichten rund um Grabennymphen und Kurtisanen – Dinge, die in keinem Reiseführer stehen. Rosa ist eine tolle Stadtführerin.«

Die intensiven Gespräche waren für beide Frauen das Wichtigste. »Ich habe Angst, dass mein Leben schon zu Ende ist«, verriet die 32-Jährige der Granny. Sie litt darunter, ohne einen Mann an ihrer Seite den Alltag bewältigen zu müssen. Sie habe diverse Versuche über Internetplattformen unternommen und sei dabei gescheitert. »Es gibt so viele Dummköpfe, Wichtigtuer und oberflächliche Typen, die keine kleinen Kinder mögen.« Auch die Granny erzählte aus ihrem Leben. »Haltung bewahren und funktionieren – wie Sportlehrerinnen eben so sind.« Damit habe sie in ihrem Leben viel Schönes nicht zugelassen. »Disziplin ist wichtig, aber man darf dabei den Genuss nicht vergessen.« Erst nach dem Schlaganfall sei sie ehrlich mit sich geworden. »Doch was ich sah, hat mich nicht fröhlich gestimmt.« Sie habe vor allem Gleichgültigkeit empfunden. Reines Vergnügen und Freude habe sie sich als eine Frau, die sich ständig diszipliniert hat, selten erlaubt. »Positive Gefühle haben mich deshalb immer skeptisch gemacht. Wenn ich mich wohlfühlte, hatte ich hinterher ein schlechtes Gewissen, weil ich nicht streng mit mir war.« Manchmal habe sie sich sogar geschämt, wenn sie über etwas lachen musste. Alle Lebendigkeit sei ihr dabei abhandengekommen.

In Wien fühlte sie sich nach langer Zeit wieder gebraucht. »Und jung!« Wenn sie durch die Stadt schlenderte und über den Naschmarkt bummelte, sei »so etwas wie Leichtigkeit« zu spüren gewesen. Jeden Abend saß sie am Bett der Kinder und hat aus dem Märchenbuch vorgelesen und Lieder gesungen. »Durch meine eigenen Kinder und Enkel bin ich gut vorbereitet und kenne viele Kinderlieder.« In der Ecke des Wohnzimmers hat Anni eine Gitarre entdeckt und sich »an zwei, drei Griffe erinnert«.

»Die Zeit in Österreich war Balsam für meine Seele und mein Selbstwertgefühl«, sagt sie. »Ich habe mich in Wien lebendig gefühlt.« Sie hat heute keine Angst mehr, dass ihr die Zeit davonrennt. Rosa hat sie versichert, dass ein Leben mit Anfang 30 noch lange nicht zu Ende ist. Für sie selbst ist seit Wien klar: »Auch mit 67 Jahren hat man die Chance auf einen Neuanfang.« Anni betont: »Ich möchte noch viel unternehmen, viel sehen und jedes Erlebnis ohne schlechtes Gewissen und ohne Angst vor Emotionen genießen!«

Zeit ist im Alter neben Gesundheit das kostbarste Gut. Manchmal spürt Anni eine Form von Gier auf das Leben. Sie beschreibt diesen Gemütszustand wie einen Rausch. »Dann lese ich drei Bücher parallel, gehe an zwei Abenden hintereinander ins Kino, kaufe Schals und Schuhe und surfe bis nachts um drei im Internet – ich kriege nicht genug von unserer Welt.« Im Alter müsse jeder seinen eigenen Weg finden. Eine Freundin von ihr hat ihre Kreativität entdeckt und mit der Ölmalerei begonnen. Die ehemalige Kunstlehrerin hat sogar Unterricht bei einem Maler genommen, sich an Ausstellungen beteiligt und auch Bilder verkauft. Anni liebt den Satz, den diese für sie mit schwungvollen Buchstaben auf ein Poster gemalt hat: »Gott gebe mir die Gelassenheit, Dinge hinzunehmen, die ich nicht ändern kann, den Mut, Dinge zu ändern, die ich ändern kann, und die Weisheit, das eine vom anderen zu unterscheiden.« Anni hat das Poster eingerahmt – es hängt in ihrem Schlafzimmer. »Wenn ich morgens die Augen öffne, sehe ich es sofort und lese den Satz, der mir Gelassenheit gibt.«

Ihre malende Freundin geht ganz und gar in ihrem neuen Hobby auf. »Sie hat etwas für sich entdeckt«, sagt Anni und fügt hinzu: »Genau so etwas hat mir vor meiner Zeit als Granny Aupair gefehlt.« In der dritten Lebenshälfte sei es wichtig, etwas zu finden, das über die anfängliche Leere nach der Pensionierung hinweghilft. »Man darf sich den Neuanfang und die aufkeimende Motivation bloß nicht von Neidern und Miesmachern kaputtreden lassen.« Von diesen »Figuren« sei man im Alter umzingelt. »Sie projizieren eigene Probleme auf ihr Gegenüber und verbreiten dabei Ängste und Unsicherheiten.«

Bei der Bewältigung der neuen Lebenssituation sei es wichtig, eine Struktur für den Alltag zu finden. »Aber es gilt auch, negative Denkgewohnheiten zu ändern.« Positives Denken ist eine Technik, die Anni geholfen hat. »Damit konnte ich auch der jungen Frau in Wien beistehen, denn niemand kann zwei Gedanken auf einmal denken – und wenn ich etwas Positives im Kopf habe, hat das Negative keinen Platz.«

Nach ihrer Zeit als Granny hat Anni angefangen, alles Negative so weit wie möglich aus ihrer Wahrnehmung zu verbannen. »Ich schaue mir die Nachrichten heute selektiv an. Kriegen und Umweltkatastrophen schenke ich weniger Beachtung als früher«, meint sie. »Warum soll ich mich ängstigen?« Selbst im »Unperfekten« versucht sie, etwas Gutes zu sehen. Das habe sie von den Österreichern gelernt, die weit weniger »streng« mit sich seien. »Es war ein schwüler Tag – gut, aber der Sonnenuntergang war wunderschön. Das Essen war mittelmäßig, aber der Wein und der Service waren perfekt.«

Das soziale Miteinander ist ihr nach ihrer Zeit als Granny wichtiger denn je. Ihren Freundeskreis habe sie »radikal geschrumpft«. Das begründet sie so: »Warum soll ich Zeit mit Menschen verbringen, die mir Energie rauben, belangloses Zeug reden, humorlos sind oder mich langweilen? Nur weil ich sie seit 30 Jahren kenne?« Nein, das sei heute kein Argument mehr für sie. Anni konzentriert sich lieber auf Menschen, die ihr guttun. »Ein intimes, offenes Gespräch bei einem guten Essen, ein launiger Abend oder ein gemeinsamer Kinobesuch – das sind Erlebnisse, die ich schätze.« Altern ist für Anni »eine echte Chance zur Ehrlichkeit«. Sie will niemanden mehr ertragen und nur Höflichkeiten austauschen.

Die »neue Anni« und ihr Verhalten sind vielen Menschen in ihrem Umkreis unheimlich. »Es macht meinen Freundinnen Angst.« Sie sagen: »Du bist so anders geworden!« Ein Satz, der meistens als Vorwurf gemeint ist. Darüber kann sie heute nur lachen. »Ja, ich habe mich verändert«, sagt sie dann. »Jetzt bin ich die Anni, die ich immer sein wollte.« Sie sagt, sie sei in ihrem Leben angekommen. Früher in der Schule sei es ein Luxus gewesen, Nein zu sagen. »Heute sage ich Nein, wenn mir etwas nicht passt – und basta!« Dabei sei die antrainierte Flexibilität, die sie aus ihrer Arbeit als Lehrerin mitgebracht habe, hilfreich. »Ich habe gelernt, mir selbst zu verzeihen. Wenn ich mich jetzt bei Fehlern ertappe, mache ich mich über mich selbst lustig.« Humor relativiere vieles. Sie kann mittlerweile über die Absurditäten des Alltags lachen und schafft es, Probleme nicht mehr zu dicht an sich herankommen zu lassen. Leider habe sie erst im Alter die Chance beim Schopf gepackt und sich Wünsche erfüllt. »Ohne die Zeit als Granny hätte ich sicher einfach so weitergemacht wie bisher.« Aber im Alter bleibe keine Zeit, unglücklich zu sein. Ihr Tipp für alle Zweifler: »Am besten, Sie fangen heute an, den dritten Lebensabschnitt zu genießen und so zu gestalten, wie es Ihnen gefällt. Sonst bleibt am Ende nur Bedauern.« Es sei eine »Befreiung«, endlich das zu tun, wonach man sich über weite Strecken des Lebens unbewusst gesehnt hat – egal, was andere sagen oder denken. »In Wien habe ich für die Kinder laut zur Gitarre gesungen«, erinnert sie sich. »Und das, obwohl meine Mutter früher behauptet hat, ich sei schrecklich unmusikalisch und könne die Töne nicht halten.« Heute ist es ihr egal, wie ihre Lieder klingen – sie singt für sich und sie singt gern. Ob sie noch einmal als Granny in die Welt zieht, hat sie noch nicht entschieden. Sie will sich sozial engagieren – das steht für sie fest.

Viele persönliche Erkenntnisse habe sie an die junge Frau in Wien weitergeben können. Beide telefonieren mindestens einmal in der Woche miteinander. Gegenseitige Besuche haben stattgefunden, weitere sind geplant. »Und das, obwohl jetzt eine neue Liebe in das

Leben der Wienerin getreten ist«, verrät Anni. »Sie hat ihn bei einer Stadtführung kennengelernt – und was mich besonders freut: Es ist ein Münchner!«

HEDDA (71): GUATEMALA WAR EIN NEUANFANG

Graumelierte Schläfen, englischer Tweed und immer umhüllt von einem edlen Herrenduft: »Mein Mann Alfred sah auch mit 76 Jahren noch aus wie ein Topmanager – ein Mann, nach dem die Frauen sich umdrehten. Attraktiv, selbstsicher und charmant«, schwärmt sie und bezeichnet ihn schmunzelnd als »Mister 1000 Volt«. Gemeinsam hat das Ehepaar einen Elektrohandel aufgebaut – daher der Kosename. »Alfred war ein Power-Pensionär – und wir hatten noch so viel vor …« Doch dann schlug das Schicksal in Form eines schweren Herzinfarktes zu und Hedda verlor, was ihr in 50 Ehejahren Halt und Lebensfreude gegeben hatte.

»Ich habe jeden Tag für meinen Mann mitgekocht und den Tisch an seinem Platz gedeckt – obwohl er schon viele Monate tot war«, erinnert sich die Witwe. »Wir haben unser ganzes Leben miteinander verbracht, ich konnte seinen Tod einfach nicht verwinden.« Die früher fröhliche Geschäftsfrau aus dem Ruhrgebiet fiel förmlich in sich zusammen. Sie verlor rapide an Gewicht und auch ihr Selbstbewusstsein wurde von Woche zu Woche weniger. Sie fühlte sich allein mit ihrer Trauer. Auch im Kreis der Familie. »Ich konnte die Worthülsen der Kinder nicht mehr ertragen«, kritisiert sie. »Meine Tochter und mein Schwiegersohn sagten immer: ›Es wird schon wieder, Mama!‹ Und die Enkelkinder tobten und spielten, als hätte es den Opa nie gegeben«, erinnert sich Hedda. Sie hat dann geantwortet: »Nix wird wieder: Mein Mann, dein Vater, euer Opa ist tot!«

Die Witwe zog sich mehr und mehr zurück und vereinsamte vollends. Sie verließ das Haus nur noch, um zum Friedhof zu gehen.

»Meine Tochter und die Enkelkinder habe ich nicht mehr besucht: Ich dachte, ich gehe denen doch nur auf die Nerven mit meinem Kummer.« Aus Angst, als jammernde Alte abgetan zu werden, beherrschte Hedda sich und zeigte ihre Trauer der Familie gegenüber nicht mehr offen. Stattdessen nahm sie Beruhigungs- und Schlaftabletten und versuchte so, den Schmerz zu betäuben. Auch trank sie oft mehr Wein, als ihr guttat. Alpträume quälten sie nächtelang. »Ich sah meinen Mann mit geschlossenen Augen und einem Gesicht wie aus Wachs im Sarg liegen.« Hedda wurde immer stiller, nahm den Telefonhörer nicht mehr ab und vergrub sich. Dann wurde sie krank. Der Arzt diagnostizierte schwere Herzrhythmusstörungen und eine Depression. Er rief die Tochter seiner Patientin an, informierte sie über die seelischen Qualen der Witwe und riet zum Besuch eines Trauerseminars oder zur Teilnahme an einer Selbsthilfegruppe für Trauernde und Hinterbliebene. »Wer nicht richtig trauern kann, wird krank«, hat der Arzt gesagt. Depressionen seien oft die Folge unbewältigter Trauer. Es müsse etwas geschehen.

»Meine Tochter fuhr mit mir zu dieser Trauerberatungsstelle«, berichtet Hedda. Sie sei ihrer Tochter nur unwillig dorthin gefolgt und habe anfangs apathisch mit anderen Trauernden im Gesprächsraum gesessen und kein Wort gesagt. »Doch dort wurde mir wirklich geholfen«, sagt die Witwe. Sie lernte Menschen kennen, die wie sie einen schweren Verlust erlitten hatten und ihr Leiden gegenüber anderen Betroffenen offen mitteilen konnten. »Ich erfuhr, dass ich nicht alleine bin: Das tat gut.« Im Kreis der Trauernden konnte Hedda ihren Gefühlen freien Lauf lassen, weinen und klagen. »Das allein wirkte schon wie ein Befreiungsschlag.« Es war der erste Schritt auf dem Weg aus ihrer selbstgewählten Isolation. »Nur wer im Leben mit der Vergänglichkeit so hart konfrontiert wird, kann die Endlichkeit begreifen und legt in Zukunft nicht mehr so viel Wert auf materielle Dinge. Ich lebe heute viel bewusster«, sagt Hedda. Als es ihr nach einem halben Jahr besser ging, wollte sie sich im Dienst anderer Menschen nützlich machen. »Ich wusste nur noch nicht, wie ich mich sinnvoll in die Gesellschaft einbringen kann.« Ihr schwebte ein soziales Projekt vor, vielleicht ein Ehrenamt in der Obdachlosenhilfe oder ein Besuchsdienst im Krankenhaus. Eines Tages erwähnte die Trauerberaterin in einem Gespräch das Projekt Granny Aupair. »Sie berichtete von Frauen über fünfzig, die sich in die Welt aufmachen, um zu helfen – und ich dachte: Da bin ich dabei!« Eine Zeit im Ausland zu verbringen, erschien ihr auf einmal attraktiv. Das hieß Abstand gewinnen. »Raus aus dem Haus, weit weg vom Friedhof und all den Erinnerungen – darin sah ich einen Neuanfang.«

In Guatemala ging gerade zu dieser Zeit für Sybille Méndez ein bisschen die Welt unter. Auch die 34-jährige Deutsche verlor ihren Mann, allerdings nicht durch Tod: Julio Méndez ließ seine deutsche Frau mit zwei Kindern sitzen. Kommentarlos und ohne weitere finanzielle Unterstützung. »Wir haben uns vor über fünfzehn Jahren kennengelernt«, berichtet Sybille. Sie war damals mit dem Rucksack durch Guatemala gereist, um Land und Leute zu erleben, und hatte ihren späteren Ehemann Julio in La Antigua auf einer Parkbank kennengelernt. »Das Wetter war ganz klar, der Blick auf die Gipfel der drei Vulkane Fuego, Agua und Acatenango vor dem blank geputzten Himmel war einfach märchenhaft.« Sie verliebten sich sofort. Ihr guatemaltekischer Mann Julio zeigte der Darmstädterin auch die Schattenseiten in seinem Land. Gemeinsam besuchte das Pärchen damals auch die Casa Alianza – ein Haus für Straßenkinder in Guatemala-Stadt. Dieser Besuch hat das Leben der jungen Frau verändert. Sie ist in Guatemala geblieben, hat Julio geheiratet und mit ihm ein Kind bekommen: Lena. Im Jahr darauf haben sie einen Straßenjungen adoptiert. Dass ihr Mann sie so plötzlich verlassen hat, kam für Sybille völlig überraschend.

»Ich brauche dringend eine Hilfe«, mailte Sybille an die Hamburger Agentur. Zunächst zögerte Hedda, als sie das Angebot bekam, denn sie spricht kein Spanisch und war noch nie außerhalb Europas unterwegs. »Guatemala war mir als Reiseland völlig unbekannt«, sagt sie.

»Aber das Schicksal der jungen Frau sprach mich an – und so habe ich zugesagt.« Die 71-Jährige musste für alle Kosten, die durch die Reise entstanden sind, selbst aufkommen. »Sybille war nach der Trennung von Julio kein Centavo übrig geblieben«, berichtet sie. Ihr Mann hatte alle Konten geplündert und war wie vom Erdboden verschluckt. »Als wir das erste Mal miteinander telefonierten, hat sie nur geweint«, erinnert sich Hedda. »Mein Entschluss stand fest: Ich habe ein Ticket gebucht, dann meine Tochter kurz über meinen Plan informiert, und zwei Wochen später saß ich schon im Flugzeug – mein eigenes Kind war entsetzt.« Doch von ihrem einmal gefassten Entschluss ließ sich die Witwe nun nicht mehr abbringen. »Ich sah in allem einen Neuanfang und wollte die Bedenken meiner Tochter gar nicht erst hören.«

Die Ankunft am Flughafen in Guatemala City verlief emotional. »Sybille war mir überhaupt nicht fremd. Wir haben uns wie zwei Freudinnen begrüßt und in die Arme genommen. Im Auto fingen wir dann gleich an zu reden.« Auf dem Weg von der Hauptstadt nach Quetzaltenango, wo Sybille in einem bescheidenen Haus wohnt, bog die Gastmutter plötzlich von der Hauptstraße ab, fuhr weiter über eine holprige Piste und hielt in der Nähe eines Steinbruchs am Wegrand. »Ich will dir was zeigen«, sagte sie zu Hedda und stieg mit ihr aus dem Wagen. »Offiziell ist Kinderarbeit in Guatemala verboten, doch Kinderknechte wie diese Jungen dort gibt es überall im Land.« Die Granny Aupair traute ihren Augen nicht: 15 Jungen – keiner älter als zwölf Jahre – schufteten wie Schwerarbeiter in dem Steinbruch. Mit großen Hämmern zerkleinerten sie unter Aufsicht Gesteinsbrocken. Schweigend hämmerten sie monoton vor sich hin. Dann füllten sie die zerkleinerten Steine in Säcke. Der Aufseher schrie die Frauen an und verjagte sie mit wüsten Drohungen, als Hedda fotografieren wollte. »Damit bringst du uns in Gefahr«, sagte die Gastmutter erschrocken. »Kinder werden in diesem Land überall als Arbeitssklaven ausgebeutet, aber offiziell darf niemand davon erfahren.« Später konnte Hedda diese kleinen Arbeitssklaven überall im Land entdecken. »Sie schleppen schwere Kisten auf den Großmärkten, arbeiten als Erntehelfer auf den Kaffee- und Bananenplantagen oder klopfen Steine«, erzählt sie. »Kinder sind in Guatemala billige und hilflose Arbeitskräfte, die nicht aufmucken, keine Forderungen stellen und keine Lobby haben. Und die Eltern brauchen das wenige Geld, das die Kinder heimbringen.«

Dann erzählte Sybille der Granny, warum sie den Umweg gefahren ist: Ihr Adoptivsohn Yonathan hat ebenfalls in einem Steinbruch am Stadtrand von Guatemala City geschuftet. »Wie alle Steinklopfer musste er von früh um sechs bis zum Sonnenuntergang seine monotone Arbeit verrichten«, berichtete Sybille. »Seine Finger konnten den Stiel des Hammers damals kaum umfassen – er war noch keine zehn Jahre alt, als er schon im Steinbruch gearbeitet hat.« Wie all die anderen Jungen war auch Yonathan nicht zur Schule gegangen. Er besaß nur das, was er am Leib trug: eine zerschlissene Hose, ein löcheriges T-Shirt und ausgetretene Turnschuhe. »Sein Gesicht war verhärmt, er sah damals aus wie ein geschrumpfter Bauarbeiter, seine Hände waren trocken, rissig und spröde, die Innenflächen schwielig und verhornt«, erinnerte sich die Adoptivmutter. »Noch heute ist Yonathan immer hungrig, denn damals gab es nur einmal am Tag eine Suppe aus schwarzen Bohnen. Das hat er bis heute nicht vergessen.« Seinen Lohn – knapp einen Euro am Tag – lieferte er abends zu Hause ab. »Sybille hat mir den Steinbruch gezeigt, damit ich ihren Adoptivsohn besser verstehen kann«, erzählt Hedda.

Yonathan ist heute zwölf Jahre alt und lebt bei Sybille. Als er vor zwei Jahren in die Familie kam, hatte er nicht einmal eine Geburtsurkunde. Er konnte weder lesen noch schreiben. »Und auch nicht richtig sprechen«, berichtet seine Adoptivmutter. Yonathan war ein verängstigtes, schüchternes Kind. Als er geboren wurde, war seine leibliche Mutter selbst noch ein Mädchen von gerade 15 Jahren. Sie gebar vier weitere Kinder und starb früh. Nach dem Tod der Mutter zog der Vater mit den Kindern in eine Lehmhütte unter ein zugiges Wellblechdach. Der karge Lohn der Frau, die sich als Landarbeiterin verdingt hatte, fehlte im Haushalt. Der Vater betrank sich jeden Tag mit »Guaro«, einem selbstgebrannten Billigfusel aus vergorenen Früchten. Wenn er betrunken war, schlug er Yonathan und seine Geschwister. Eines Tages verletzte er den Jungen so schwer, dass die Nachbarn einen Arzt riefen und die Behörden einschalteten. Yonathan musste mit gebrochenen Armen und Brandwunden, die der Vater ihm mit Zigaretten zugefügt hatte, im Krankenhaus behandelt werden. Anschließend wurde der Junge zur Adoption freigegeben. Er hat großes Glück gehabt.

Das Schicksal der Kindersklaven von Guatemala hat Hedda erschüttert. »Ich habe Yonathan schon ins Herz geschlossen, bevor ich mit Sybille auf den Hof gefahren bin und dem Jungen begegnete«, erzählt die Granny. Scheu habe er der »Señora« die Hand gegeben und dabei auf den Boden geschaut. Dann hat er sich wie ein Kleinkind an Sybille gedrückt und immer wieder gesagt: »Mamita, como te quiero« – Mutti, ich hab dich so lieb. Mit dem plötzlichen Auszug seines neuen Vaters ist Angst und Verwirrung in seine Welt zurückgekehrt. Der anlehnungsbedürftige Junge folgt seiner Adoptivmutter auf Schritt und Tritt. »Er fürchtet, dass ich ihn verlasse«, erklärt Sybille. Auch seine Alpträume sind zurückgekehrt. »Er weint im Bett und hat Angst vor der Dunkelheit. Im Traum stöhnt er und wacht schweißgebadet auf«, berichtet Hedda. Wenn seine Adoptivmutter ihn dann tröstet, sagt er: »Ich war wieder im Steinbruch.« Seit Julio Méndez das Haus verlassen hat, fürchtet Yonathan, dass er nicht bleiben darf.

Der Granny war es von Anfang an wichtig, Yonathan und der kleinen Lena Sicherheit und Geborgenheit zu vermitteln. »Zwei Wochen nach meiner Ankunft habe ich meinen Aufenthalt von vier Wochen auf 90 Tage verlängert.« Hedda spürte, wie wichtig ihre Hilfe war. Jeden Tag ging sie gemeinsam mit den Kindern auf dem Markt einkaufen. »Wir alle mögen gern gegrilltes Hühnchen. Ich habe mindestens einmal in der Woche Brust und Keulen mit Pommes serviert«, erzählt sie. Sie experimentierte mit den unterschiedlichen Kartoffelsorten, die es auf den Märkten zu kaufen gab, und bereitete auch Wurzeln wie

Oca und Yuca zu. Das wichtigste Nahrungsmittel in Guatemala ist jedoch Mais, den die Granny auf unterschiedlichste Art und Weise servierte. »In Olivenöl mit viel Knoblauch in der Pfanne goldbraun angebraten – so mochten wir alle den Mais am liebsten.« Oft gab es Tortillas, die Hedda aus Maismehl, Wasser und wenigen Gewürzen mit flinker Hand geformt hat. »Muchas gracias, das schmeckt gut«, sagte Yonathan dann. »Ich war immer ganz gerührt, wenn ich dem Jungen beim Essen zusah«, sagt Hedda. »Er aß mit Appetit und Freude, hat nie gemeckert oder herumgezickt.« Hedda war klar: »So essen nur Kinder, die schon einmal Hunger gelitten haben.«

Ihre Anwesenheit brachte Ruhe in die durch das unerwartete Verschwinden des Vaters zerrissene Familie. »Ich weiß aus Erfahrung, dass Reden und Trauern beim Verlust des Partners am besten helfen«, sagt Hedda. »Und so haben wir uns viel unterhalten, wenn die Kinder im Bett waren. Auch über meinen Alfred und seinen plötzlichen Tod.« Tagsüber haben die vier oft Ausflüge unternommen. »Wir waren an der Pazifikküste schwimmen. Der schönste Strand liegt in Monterrico.« Aber der schwarze Vulkansand in Puerto San José hat die Granny am meisten beeindruckt. »Es ist seltsam, in schwarzem Sand zu sitzen, er ist ganz feinkörnig. Wunderbar!«

Sybille wollte der Granny unbedingt La Antigua zeigen, die Stadt, in der sie ihren Mann kennengelernt hatte. Der historische Kern der auf 1500 m Höhe liegenden Stadt, die einst Guatemalas Hauptstadt war, ist Weltkulturgut und von der Unesco geschützt. Klöster und Kirchen, Kopfsteinpflastergassen und die roten Ziegeldächer der Kolonialhäuser lassen La Antigua wie eine Märchenstadt erscheinen. Die vier saßen auf der zentralen Plaza Mayor unter einem schattigen Baum. »Sybille liefen Tränen über die Wangen«, berichtet Hedda. »Aber von diesem Tag an konnte sie den Schmerz des Verlassenseins besser ertragen.« Nur die finanzielle Lage der Frau nahm dramatische Züge an. Ihre Eltern hatten aus Deutschland einen größeren Betrag überwiesen, doch das Geld reichte allenfalls noch für einige Monate. Sybille musste

Arbeit finden. »Das ist mit kleinen Kindern auch in Guatemala keine leichte Aufgabe«, sagt Hedda. Doch die junge Frau hatte Glück: Ein Übersetzungsbüro suchte explizit eine gebürtige Deutsche für deutsch-spanische Geschäftskorrespondenz. Sybille Méndez bekam den Job und kann wegen der Kinder sogar von zu Hause aus arbeiten.

Kurze Zeit später hieß es Abschied nehmen: Hedda musste nach Deutschland zurückreisen. »Wir haben einfach alle so getan, als ob Nordrhein-Westfalen gleich nebenan liegt und ich jederzeit zu Besuch kommen kann«, erzählt Hedda. Am letzten Tag haben alle einen Besuch ins Naturkundemuseum unternommen. Yonathan blieb lange vor den vielen präparierten Tieren stehen. »Warum sind die tot?«, hat er seine Mutter gefragt. Er wollte lieber in den Zoo mit den lebenden Tieren. »Da gehen wir hin, wenn ich wieder bei euch bin«, hat Hedda versprochen. Sie hat Wort gehalten. Gleich nach ihrer Heimkehr hat sie wieder einen Flug nach Guatemala gebucht.

»Heute fühle ich mich frei von Trauer«, sagt sie. »Guatemala war eine Zäsur für mich und mein zukünftiges Leben. Mein Alfred wäre stolz auf mich!«

SONA (74):
IN AFRIKA HABE ICH AUF MEIN BAUCHGEFÜHL GEHÖRT

»In unserer Gesellschaft wehren sich gerade Frauen mit allerlei Mitteln gegen das Altern«, sagt Sona. Unter ihren Freundinnen greifen viele zu extremen Schönheitsgiften wie Botox und versuchen mit hautverjüngender Intensivpflege gegen die »Expression Lines« im Gesicht anzucremen. Die versprochene Jugend aus dem Tiegel ist teuer, aber in Sonas Kreisen – sie gehört zur »feinen Gesellschaft« Düsseldorfs – langt man dafür gern tiefer in die Tasche. »Meine Damen scheuen auch den Weg zum Schönheitschirurgen nicht.«

»Mit Lust und Lachen lasst die Runzeln kommen«, rezitiert die belesene Sona aus William Shakespeares ›Der Kaufmann von Venedig‹. Statt den natürlichen Lebenslauf von Werden und Vergehen zu akzeptieren, werde das Fortschreiten des Alterungsprozesses radikal bekämpft oder schlicht verleugnet. Sona spielt da nicht mehr mit. »Ich mag mein Gesicht, so wie es ist – mit Falten und Runzeln.« Auf die selbstbewusste Düsseldorferin wirken »Berufsjugendliche albern, die auf dem Golfplatz die Baseballkappe verkehrt herum aufsetzen und damit ein paar Lebensjahre gutmachen wollen«, oder gestandene Männer, die wie kleine Jungen mit dem »Scooter Cityroller« am Rhein entlangfahren. Auch ihr eigenes Geschlecht verschont Sona nicht. »Wenn sich Damen jenseits der sechzig am Strand im Bikini zeigen, müssen wir uns nicht wundern, wenn Hohn und Spott auf ältere Frauen herunterregnen.« Bauchfrei durch die Gegend laufen – das sei ein Privileg für junge Mädels. Dass sie mit 74 Jahren für das andere Geschlecht »unsichtbar« geworden ist, stört sie nicht. Männer seien heute in ihrem Leben nicht mehr so wichtig. Es sei auch eine Art von Befreiung, sich nicht länger durch das sexuelle Vergrößerungsglas betrachten zu lassen. »Mein Gott, war das anstrengend, auf die optische Erscheinung reduziert zu werden.« Doch die Männer sind nicht ganz aus Sonas Leben verschwunden. Wer sich heute mit ihr trifft, genießt ihren Humor und ihre Schlagfertigkeit, schätzt ihre Gelassenheit, die liberale Haltung und eine gewisse Großzügigkeit. »Leben und leben lassen«, ist ihr Motto. Keine Frage, die »alte Dame« – wie sie sich selbst gern bezeichnet – ist heute noch für Männer attraktiv. Das hat sie auch als Granny erfahren – allerdings anders als erwartet. Doch dazu später.

Hinter dieser neu gewonnenen Freiheit im Alter stecke kein Geheimnis. »Ich bin authentisch und genieße die positiven Veränderungen, die mit dem Älterwerden verbunden sind.« Wer diese Veränderungen ignoriere oder als unwichtig abtue, scheitere zwangsläufig. Sie betont, sie sei ruhiger, unaufgeregter und könne die Dinge erst betrachten, bevor sie ein Urteil fälle. »Früher war ich immer schnell mit meiner Meinung bei der Hand. Wie anstrengend muss das für andere gewesen sein?!« Keine Reflexion, keine Achtsamkeit – stattdessen sofort eine Wertung. Es sind heute auch die Ruhe und Präsenz dieser »alten Dame«, die sie für ihr Gegenüber attraktiv machen. Sie strahlt Respekt aus, ist geistreich und beeindruckt mit ihrem Wissen. »Es sind Erfahrungen, die meine vielen Lebensjahre als Geschenk mitgebracht haben«, sagt sie und führt aus: »Meine Augen sind schlechter geworden und ich höre nicht mehr so gut, aber andere Wahrnehmungen wie Intuition und Empathie sind geschärft.« Das sei ein Resultat der Fähigkeit zuzuhören, statt zu reden.

Früher sei das anders gewesen. »Ich war immer gleich auf hundertachtzig und bin abgegangen wie eine Rakete.« Ihr Ehemann habe sie deshalb nach einer Zeichentrickfigur »Atom-Ameise« getauft und sich häufig über sie amüsiert, wenn sie wieder einmal »hochgegangen« sei. Heute sei sie abgeklärter, rege sich nicht mehr über Nichtigkeiten auf und nehme selbst abgelaufene Parkscheine und den dazugehörigen Strafzettel mit einem leisen »shit happens« hin. Sie spüre sogar so etwas wie Mitleid mit den unfreundlichen Nachbarn, die kürzlich die Annahme eines Päckchens verweigert haben, als sie unterwegs war. Sie sagt nachsichtig: »Ich kenne das von früher – das ist keine Charakterfrage, sondern resultiert aus beruflichem Druck und Stress.« Die neue Gelassenheit im Alter sei die wichtigste Veränderung in ihrem Leben.

Ihr Leben zwischen 25 und 45, als Grafikdesignerin einer Werbeagentur mit finanzieller Beteiligung und der Villa im Grünen, sei wie im Hochgeschwindigkeitszug verflogen. Nach der Hochzeit lief das Leben der Sona wie ein kitschiger Kinofilm ab. Der wohlhabende Architekt und die Grafikdesignerin tanzten auf den Partys der Düsseldorfer Gesellschaft, flogen zum Tauchurlaub auf die Malediven, »als die meisten Menschen noch nie etwas von dieser Inselgruppe im Indischen Ozean gehört hatten«, machten Fotosafaris in Kenia und Südafrika, segelten durch die Karibik und gingen zum Golfen mal eben nach Irland. »Reisen war stets unser Hobby.« Das Ehepaar blieb kinderlos. »Wenn ich heute auf mich und mein Leben zurückblicke, war alles eine einzige oberflächliche Party und ich eine verwöhnte dumme Kuh«, sagt sie selbstkritisch. Welcher Wein passt zu Foie gras? Wer lädt wen ein und wer ist neu in der Stadt und muss eingeladen werden? Das Ehepaar war wer in Düsseldorf. Mehr will sie zu ihrer Herkunft nicht preisgeben.

Dann trat eine jüngere Frau in das Leben ihres Mannes. »Sie sah gar nicht mal gut aus, aber er sprach von Liebe.« Das hat Sona tief verletzt. Zum ersten Mal fühlte sie sich alt. Nach der Scheidung und dem Kampf um eine Abfindung war ein wichtiger Teil ihrer Lebenszeit verflossen. Damit nicht genug. Das Leben meinte es plötzlich nicht mehr gut mit ihr. »Ich wechselte emotional von der Sonnen- auf die Schattenseite«, sagt sie. Nach der Scheidung kam eine »allumfassende Zeit des Abschiednehmens«, die noch heute auf ihr lastet. Ihre Eltern starben innerhalb eines Jahres, ihr bester Freund aus Kindertagen erlag einem Herzinfarkt, ihre Schwester erkrankte an Krebs und verlor den Kampf gegen die Krankheit, dann hatte ihre beste Freundin einen Autounfall und fiel ins Koma, aus dem sie nicht erwachte. »Mit dem Verlust dieser Menschen, die mir so nahestanden, wurde der Schutzschild meiner Seele durchbrochen.«

Die Folge von Schicksalsjahren endete im März 2000 mit dem Platzen der sogenannten Dotcom-Blase auch noch in einem finanziellen Desaster. Sona hatte mit Aktien in New-Economy-Unternehmen spekuliert und dabei viel Geld verloren. »Meine Anteile an der Werbeagentur musste ich verkaufen und konnte doch meinen Lebensstandard nicht halten.« Sie wurde von der damaligen Geschäftsführerin sofort in den Zwangsruhestand geschickt. Ihre Arbeit als Grafikdesignerin war auf einmal nicht mehr »sexy« genug. »Ich fühlte mich komplett ausgebremst«, sagt Sona. Von jetzt auf gleich war sie unfreiwillig in einem langsameren Lebensrhythmus gelandet. Das war für einen umtriebigen Menschen wie sie nicht einfach. »Man will in der Aktivität bleiben – und weiß nicht so richtig, wie es gehen könnte«, beschreibt sie diese Zerrissenheit. Sie hatte zwar viel Geld verloren, doch für ein angenehmes Leben in einer »bescheidenen« Eigentumswohnung in der Innenstadt von Düsseldorf und die Treffen mit ihren Damen, die sie schon seit ihrer Jugend kennt, reicht es bis heute allemal. Noch mehr Golfturniere, Ladys-Lunches und Essen im Lions-Club. »Doch mir fehlte etwas, was ich damals noch nicht benennen konnte. Ich wollte meinen Alltag neu strukturieren.« Das klinge einfacher, als es in der Realität sei. Dabei sei Geduld ganz wesentlich. »Da ich mein Leben lang ein ungeduldiger Mensch war, musste auch immer schnell Neues her.« Keine Frage, es gibt viel Schönes zu tun, wenn man nicht mehr gezwungen ist zu arbeiten und über ausreichende Mittel verfügt. Das Mittelalter interessierte sie, die alten Meister, das Zeitalter der Renaissance, die Familiengeschichte der Medici. Sona unternahm Bildungsreisen nach Florenz, schrieb sich für ein Seniorenstudium an der Universität ein und belegte einen Sprachkurs in Hebräisch. Bei all den kulturellen und geistigen Aktivitäten, die Sona im Alter für extrem wichtig hält, sei aber eine essenzielle Frage über Jahre unbeantwortet geblieben: die Frage nach dem Sinn des Lebens! Sona dachte an soziale Projekte und entschied sich dann spontan, eine »Granny« zu werden.

Mit dem Begriff »Granny« hat sie zwar von Anfang an gehadert, aber sie wusste, wohin sie als »Oma« reisen wollte: nach Afrika! Mit ihrem geschiedenen Mann war sie vor vielen Jahren in Südafrika gewesen. Man hatte erst in Kapstadt den Tafelberg besichtigt, dann im Leihwagen eine Weintour in die Winelands Richtung Stellenbosch unternommen und zum Abschluss die »Big Five« – Elefant, Nashorn, Büffel, Löwe und Leopard – im Krüger-Nationalpark fotografiert. Es war ein Luxusurlaub gewesen, mit allem, was dazugehört. Diesmal wollte Sona helfen.

Doch es kam anders als gedacht. »Und es war dann am Ende die Gelassenheit des Alters, die mir als gescheiterte Granny geholfen hat«, sagt sie und lächelt hintersinnig. In Afrika habe sie erst gelernt, ganz und gar auf ihr Bauchgefühl zu hören. »Intuition ist das Geheimnis!«, meint sie ein wenig verschwörerisch. Ihre »wichtigste Erkenntnis« seit dieser Zeit sei, sich auf das innere Gefühl zu verlassen und den Kopf hin und wieder auszuschalten. »Dabei habe ich Fähigkeiten bei mir entdeckt, die ich vorher nie vermutet hätte.« Die Reise, die sie als Granny in Südafrika begann und erst ein halbes Jahr später als allein reisende Rucksacktouristin in Ruanda beendete, habe sie stark geprägt.

Angefangen hat alles mit der Auswahl der Familie in Südafrika über das Internet. Mit dieser Entscheidung sei gleich zu Beginn ein »komisches Gefühl« verbunden gewesen. »Aber ich wollte unbedingt nach Johannesburg und habe alle Warnzeichen ignoriert und Unsicherheiten nicht zugelassen«, sagt sie. Dabei habe die Familie nicht verheimlicht, dass sie eine Granny als Deutschlehrerin für die Tochter suchte. Bemerkungen wie »zusätzlich zum Personal« und »als Unterstützung für die gnädige Frau« hätten Sona nachdenklich machen müssen. Heute sagt sie: »Ich habe bewusst weggehört.« Doch die »Diskrepanzen«, die Sona beschreibt, sind gleich am Flughafen in Johannesburg aufgebrochen. Allen Beteiligten ist klar geworden: Die Chemie stimmt nicht. Die Familie habe mit einer »echten Oma« gerechnet, nicht mit einer »Dame aus Düsseldorf«. Bei der Begrüßung habe man deutlich gemacht, dass man »Personal« erwartet habe. Ein »Gast auf Augenhöhe« war unerwünscht. Als Sona ihr Golfgepäck durch den Zoll schob, verdrehte die Frau des Hauses die Augen und sagte gleich: »Wir haben eine Granny zum Arbeiten gesucht und nicht zum Golfspielen.« Sie sei für Töchterchen Isabell »abgestellt« und könne erst nach »Erledigung ihrer Pflichten« den Freizeitaktivitäten nachgehen.

Sona war schockiert. Sie hatte von Deutschland aus mit der Familie über zwei Monate lang geskypt und gemailt. Man hatte Höflichkeiten ausgetauscht, aus dem Alltag berichtet, doch die Erwartungen voneinander waren zu unterschiedlich und das sei per E-Mail nicht rübergekommen. Zwischen Traum und Wirklichkeit klaffte eine Lücke. »Jeder Kontakt per Computer bleibt am Ende eine sterile Kommunikation ohne Herz«, sagt Sona. Als ihr nach der Ankunft auf dem Anwesen der Familie ein kleines Zimmer im Gartenhäuschen »zugewiesen« worden war, wusste Sona: »Hier bleibe ich keine Woche!«

Schon drei Tage später verließ sie die Familie. »Ich wollte ihnen das Geld für das Flugticket zurückbezahlen«, sagt sie. »Doch die Herrschaften wollten mich nicht einmal mehr empfangen – so enttäuscht waren wir alle voneinander.« Nichts habe gepasst. Sie sei nicht wie erwartet als Familienmitglied aufgenommen worden, sondern wie »eine Bedienstete« in einer kleinen Kammer untergekommen. Auch das 12-jährige Mädchen weigerte sich, mit »der Deutschen« zu reden. Am Ende hat sich Sona ein Taxi bestellt und ist abgereist, ohne sich zu verabschieden.

Am Flughafen angekommen, blickte sie auf die Abflugtafel, um den nächsten Flug in die Heimat ausfindig zu machen, und entdeckte den Namen einer afrikanischen Stadt, den sie vor vielen Jahren schon einmal gehört hatte: Kigali in Ruanda. Ihr geschiedener Mann hatte damals nach dem Bürgerkrieg eine nicht unerhebliche Summe für eine Hilfsorganisation gespendet. Sie waren darüber in heftigen Streit geraten. Die junge Sona war geizig, wenn es um andere Menschen ging. Heute macht sie das nachdenklich und traurig. Ihr Exmann war da ganz anders – wie konnte sie nur so blind gewesen sein. Plötzlich fragte ein junger Typ neben ihr: »Fliegen Sie auch nach Kigali?« Und Sona dachte: »Warum eigentlich nicht?«

Beide kamen ins Gespräch und stellten fest: »Wir kommen aus Düsseldorf!« Aufgekratzt erzählte sie dem Fremden von ihren negativen Erfahrungen als Granny und den hochgesteckten Erwartungen und Träumen, die sie vorher an den Aufenthalt in Südafrika geknüpft hatte. Der Mann war Journalist und Richtung Ruanda unterwegs, um nach nahezu zwei Jahrzehnten über die Folgen des Bürgerkrieges zu schreiben, der Mitte der 90er-Jahre zwischen Tutsi- und Hutu-Rebellen in diesem Land getobt hat und bis zu einer Million Tote gefordert haben soll. Sona erinnerte sich an das ungeheure Blutbad und die Fernsehbilder, die damals zu sehen waren: Kinder, Frauen und Männer waren mit Macheten niedergemetzelt worden. Diese bestialische Brutalität hatte ihren geschiedenen Mann damals veranlasst, eine Patenschaft für ein SOS-Kinderdorf zu übernehmen. »Ist es heute noch gefährlich?«, fragte sie den Journalisten. Der hat nur den Kopf geschüttelt, dann haben beide ein Ticket gebucht.

Drei Wochen ist Sona gemeinsam mit dem Journalisten Kai-Dieter in Ruanda unterwegs gewesen. Durch seine Recherchen hat sie einige Bürgerkriegsopfer kennengelernt. Die 20-jährige Claudine mit der großen Narbe auf der Stirn hat ihr erzählt, dass sie als kleines Kind mit einer Machete verletzt wurde. Das Schicksal ihrer Familie ist unbekannt. Josianne war noch ein Baby, als man sie in den Sümpfen fand. Das Gesicht der 19-Jährigen ist von Narben übersät: Moskitos hatten das Mädchen völlig zerstochen. Victoria entkam dem Massaker, weil die Killer sie für tot gehalten hatten. Nach der Rundreise mit dem Journalisten ist Sona in einem kleinen Hotel auf dem Land abgestiegen und wollte nach Düsseldorf telefonieren, um einer Freundin von den

Erlebnissen zu berichten. Sie bat um eine Leitung nach Deutschland und sagte, es sei dringend. »What is urgent? Is sombody dying?«, fragte die Frau an der Rezeption. Was ist wichtig? Stirbt jemand? Nie wird Sona diese Sätze vergessen.

»Als Granny bin ich zwar gescheitert«, sagt sie. »Aber ohne Granny Aupair hätte ich niemals den Schritt hinaus aus meiner kleinen Düsseldorfer Welt gewagt, um ganz unkonventionell mit kleinem Gepäck durch Afrika zu reisen.« Sie bedauert, dass sie mit 74 Jahren nicht mehr fit genug war für eine Trekkingtour zu den Berggorillas in der Vulkanlandschaft im Virunga-Nationalpark. Dorthin ist Kai-Dieter aufgebrochen, als ihre gemeinsame Reise vorüber war. »Aber ich werde in diesem Leben auch nie mehr als Stewardess um die Welt fliegen, nicht mehr auf den Kilimandscharo klettern und gewiss auch keinen Schönheitspreis mehr für meine Beine gewinnen.« Sie lacht laut und herzlich und erinnert sich daran, wie innig sie sich von dem Journalisten verabschiedet hat. »Wir hatten eine intensive Zeit.« Sie erzählt vom gemeinsamen Zelten unter dem afrikanischen Sternenhimmel, von Gesprächen am Lagerfeuer über die Unendlichkeit des Alls, das Werden und Vergehen und die Relativität der Zeit. Beide sind noch heute über E-Mail in Kontakt. »Dieser aufregende Mann ist 30 Jahre jünger als ich und hat zum Abschied gesagt: ›Sona, du wirst mir fehlen. Ich habe mich in dein zauberhaftes Wesen verliebt – bitte lass mich immer in deinem Herzen sein!‹« Und auf einmal habe sie sich wieder jung gefühlt – begehrenswert und gebraucht.

Von Kigali aus ist sie wieder nach Südafrika zurückgeflogen und hat mit dem Rucksack all die Orte besucht, die sie vor Jahren mit ihrem Mann bereist hat. Sie hat sich in Überlandbusse gesetzt und ist die Garden Road abgefahren, hat in der Nähe von Durban Wale beobachtet und ist mit einem Leihwagen noch einmal durch den Krüger-Nationalpark getourt. Sie hat keine Fotos gemacht. »Ich habe meine Erinnerungen im Kopf – und ohne Fotoapparat alles intensiver erlebt«, sagt sie.

Seit ihrer Rückkehr nach Düsseldorf sammelt sie im Freundeskreis Geld für eine Aids-Stiftung in Kapstadt. Sie versucht, mehr in ihrer Mitte zu sein. Alter bedeute für sie weniger Bürde, sondern mehr eine Würde. »Das habe ich alles Afrika zu verdanken«, meint sie. »Jeden Tag entdecke ich mich neu und komme meinem eigentlichen Ich ein winziges Stück näher.« Modepräsentationen und Champagnerempfänge lässt sie mittlerweile links liegen und versucht stattdessen, sich auf Werte wie Mitgefühl und Empathie, soziale Projekte und ihre ganz private Aids-Hilfe zu konzentrieren. Dabei ist die Sinnfrage für Sona wichtig. »Was verleiht meinen Jahren Bedeutung?«, fragt sie sich. Sie bedauert, über Jahrzehnte die wirkliche »Essenz« des Lebens versäumt zu haben. »Was für eine Zeitverschwendung!«

Sona hat Afrika nicht vergessen. »Kai hat einen journalistischen Auftrag in Angola – er soll über die Spätfolgen des Bürgerkrieges und die Verseuchung des Landes mit Landminen schreiben«, berichtet sie. »Er hat gefragt, ob ich ihn begleite.« Dann wäre Sona 75 Jahre alt – aber sie denkt darüber nach.

SABINE (60): IN CHINA HABE ICH WIEDER ANERKENNUNG ERFAHREN

»Ich bin zwangsverrentet«, sagt Sabine bitter. 33 Jahre, vier Monate und elf Tage war sie in Norddeutschland bei ein und derselben Firma angestellt, als der Inhaber plötzlich an einem Herzinfarkt verstarb. »Der Sohn hat alles übernommen und mich mit Hilfe seines Anwalts vor die Tür gesetzt: Ich war ihm zu alt – und das hat mir der Schnösel auch gnadenlos ins Gesicht gesagt.« Die kaufmännische Angestellte hat all die Jahre »für die Firma gebrannt«. Sie trug den Aufbau des mittelständischen Betriebes in der Elektronikbranche mit, hat »Überstunden gekloppt«, auf Urlaub verzichtet und am Ende eine Abteilung geleitet. »Nach dem Tod des Chefs kam ein Wirtschaftsberater ins Haus, hat alles umstrukturiert und plötzlich war mein Typ nicht mehr gefragt. Meine Abteilung wurde outgesourct – wie das auf Neudeutsch so schön heißt.« Das ist jetzt drei Jahre her, aber Verärgerung, Wut und Enttäuschung sind bei der 60-Jährigen noch heute deutlich spürbar. Die Wunden, die die Entlassung schlug, sind nicht richtig verheilt. »Wie auch?! Ich war in meinem ganzen Leben nie arbeitslos – und auf einmal stand ich mit 57 Jahren mit anderen Arbeitslosen in einer Schlange auf dem Flur des Arbeitsamtes.« Das tat weh. Der finanzielle Einbruch durch die Arbeitslosigkeit sei nur »eine Seite der Medaille« gewesen – am schlimmsten waren für Sabine die seelischen Verletzungen. »Ich musste erst mal damit klarkommen, dass ich nicht mehr gebraucht werde. Ich fühlte mich überflüssig, vor allem aber ungerecht behandelt.«

Wie gewohnt wachte sie monatelang morgens um fünf Uhr auf, machte sich bürofein – »und dann hatte ich nichts zu tun«. Sabine ist eine aktive Frau, eine Macherin, die den Vormittag nicht einfach vor dem Fernseher auf der Couch verbringen kann. »Hausarbeit allein hat mich nie wirklich befriedigt. Wäsche waschen, einkaufen, kochen – damit bin ich ruck, zuck fertig.« Sie ging schwimmen, traf Freundinnen, führte den Hund spazieren. »Aber so richtig glücklich war ich in der Zeit nach meiner Entlassung nicht.« Wie früher im Büro hat Sabine eine To-do-Liste erstellt, um ihren Alltag neu zu strukturieren. Von Anfang an war eins klar: »Ich werde mich nicht hängen lassen!« Sie recherchierte im Internet, wo und wie sie sich ehrenamtlich einbringen könnte. »Ich musste zurück in die Gesellschaft, in die Aktivität.« In Hamburg gibt es eine Freiwilligenbörse, die Menschen wie Sabine in gemeinnützige Projekte vermittelt. Sie half in einem Seniorentreff aus, besuchte einsame Menschen in Alten- und Pflegeeinrichtungen und engagierte sich obendrein für die Obdachlosenhilfe. Schon bald war ihr Tag mehr als ausgefüllt. Sie ging frühmorgens aus dem Haus und kehrte oft erst nach 21 Uhr zurück. »Ich habe in den Projekten von Schicksalen erfahren, die mir nicht mehr aus dem Kopf gingen«, sagt sie. Schneller als erwartet hatte sie sich verausgabt und fiel in eine psychische Erschöpfung. »Die Schicksale und das Leid vieler Menschen in unserer reichen Hansestadt haben mich belastet und bis heute nicht mehr losgelassen.«

Ihr Mann Günther, er ist ebenfalls Rentner, beobachtete die sozialen Aktivitäten seiner Frau mit Sorge. »Warum gönnst du dir nicht mal Ruhe? Warum verreist du nicht, Sabine?« Günther kennt das Fernweh seiner Frau, die schon immer in die Welt hinauswollte. Als junges Mädchen träumte sie davon, Stewardess zu werden und um die Welt zu jetten. »Doch dann kam Günther, wir haben schnell geheiratet und bald darauf waren wir Eltern von zwei Jungs.« Sabine legte ihre Reisepläne jahrzehntelang auf Eis. Urlaub machte die Familie in Deutschland an der Nordsee, denn Günther ist als Monteur von einer internationalen Baustelle zur anderen gereist und wollte seine Ferien nicht auch noch im Ausland verbringen. »Auch heute bleibt mein

Mann am liebsten in unserem gemütlichen Haus, werkelt im Keller oder im Garten«, sagt Sabine. »Deshalb musst du doch nicht auch in Hamburg bleiben«, hat er seiner Frau immer wieder versichert. Und so machte sich Sabine auf den Weg: Mit einer Wandergruppe ging es in die Eifel und in den Schwarzwald, mit Freundinnen nach Rom und mit dem Sportverein zum Golf-Schnupperkurs nach Bayern. »Aber mit den Abenteuern im Ausland, von denen ich mein Leben lang geträumt habe, hatte das alles nichts zu tun«, sagt Sabine. Insgeheim hat sie Reisekataloge durchgeblättert, Angebote für Safaris, Bergtouren und Bildungsreisen studiert und mit Fernreisen nach Asien geliebäugelt – »doch die Kosten dieser Angebote hätten mein Budget bei Weitem gesprengt.« »Mutti, warum fliegst du nicht einfach als Granny nach China?«, hat ihr Sohn Kai eines Tages bei einem Wochenendbesuch gefragt und seinen Laptop hervorgeholt. »Guck mal, die vermitteln Frauen wie dich weltweit. Dort findest du ein Abenteuer mit Familienanschluss!« Kai und Björn, ihre beiden Jungs, »tuteten in dasselbe Horn«, sie haben ihre Mutter gemeinsam bearbeitet und ermutigt. »Stöbere wenigstens mal auf den Internetseiten.« Die 34 und 36 Jahre alten Brüder sind längst selbst Familienväter und haben jeweils eine kleine Tochter. Sie versicherten ihrer Mutter: »Wir würden dich sofort als Granny buchen!« Auch ihr Mann hat Sabine bestärkt. »Günther kennt China von einer Großbaustelle – er war 1994 in Peking und kam damals ganz begeistert zurück.« China stand ursprünglich auf ihrer Prioritätenliste nicht an erster Stelle, aber langsam träumte sich Sabine ins Reich der Mitte. Sie dachte an Peking-Oper und Peking-Ente – beides würde sie gern im Original erleben und probieren – und las historische Literatur über die Verbotene Stadt und den Platz des Himmlischen Friedens. Sie besorgte sich Informationen über die Terrakotta-Armee, den Drei-Schluchten-Staudamm und die Chinesische Mauer. »Mein Blick auf China war romantisch eingefärbt: Ich dachte an Rikschafahrten, farbenfrohe Kostüme, Drachentänze und Himmelstempel.« Wie weit diese Vorstellung von der Wirklichkeit entfernt war, sollte Sabine dann gleich bei der Ankunft in Peking erfahren. Doch der Reihe nach.

Per Mail nahm sie schließlich mit der deutschen Familie in Peking Kontakt auf, die eine Granny für ihre beiden Kinder suchte. In diesem Schreiben hat Sabine gleich geklärt, was sie auf keinen Fall wollte: keinen Putzjob, keine Schreikinder, keine Abstellkammer als Zimmer. »Wenn ich heute an meinen Text denke, muss ich gestehen, dass ich nicht gerade freundlich war«, sagt sie. Eigentlich habe sie mit einer Absage gerechnet. Doch die Antwort fiel anders aus: Mit der nächsten Mail öffnete sie eine Videobotschaft im Anhang, in der sich die Familie vorstellte. »Wir haben zwei Kinder: eine vierjährige Prinzessin namens Vivien und einen siebenjährigen Drachenkrieger namens Hendrik«, beschrieb die Mutter Karin ihre »zauberhaften Biester«. Die Eltern sind wohlhabend. Der Vater leitet das Chinageschäft eines internationalen Konzerns, Karin steckt gerade in der Endphase ihres Studiums der Kunstgeschichte und plant deshalb, regelmäßig nach Deutschland zu fliegen. Da die Kinder in der Zeit nicht ohne deutschsprachige Betreuung sein sollten, suchte die Familie eine »Leih-Oma«. In dem kleinen Filmchen sah Sabine die weitläufige, modern eingerichtete Wohnung, die gepflegte Grünanlage, in die das Haus eingebettet ist, und das Hausmädchen. »I am Aii«, stellte sich die Frau vor und öffnete im Film die Tür, die in den Gästebereich führt. Aii verkündete feierlich: »Your room.« Von wegen Abstellkammer! »Ich hatte dort nicht nur ein Bett in einem Zimmer, sondern eine eigene kleine abgeschlossene Wohnung mit Bad und WC, einer Kochnische und einem großzügig ausgestatteten Aufenthaltsraum.« Die Außenaufnahmen zeigten ein großes, parkähnliches Gelände am Stadtrand von Peking. Das Viertel wird von Ausländern und reichen Chinesen bewohnt, ist hermetisch abgeschlossen und durch einen Sicherheitsdienst bewacht. »Einlass in den Compound erfolgt nur über die Vorlage des Ausweises und per zusätzlicher Gesichtskontrolle«, schildert Sabine die Wohnanlage. »Ich war wirklich beeindruckt.« Aber das alles war nicht der Grund für ihre

Zusage: »Diese vier Menschen dort im fernen Peking waren mir auf Anhieb so sympathisch, dass ich mich an den Computer gesetzt habe, um für drei Monate zuzusagen.« Dann die Überraschung: Die Familie plante einen Urlaub auf der Insel Sylt und kündigte sich bei Sabine in Hamburg zu Besuch an.

Als »ihre« chinesische Familie dann in Hamburg vor der Tür stand, war die Aufregung auf beiden Seiten groß. »Bei Kaffee und Käsekuchen haben wir uns gegenseitig beschnuppert«, sagt Sabine. Anfangs sei sie befangen gewesen, aber die Gäste hätten ihr schnell alle Scheu genommen. Vivien und Hendrik tobten mit Sabines Enkelkindern im Garten, während die Erwachsenen in Fotoalben blätterten und von sich erzählten. »Günther hat über seine Montagearbeit in Peking berichtet – die Männer hatten auf Anhieb jede Menge Gesprächsstoff.« Die Frauen redeten über kulturelle und touristische Möglichkeiten in Peking und klärten, was alles in den Koffer gepackt werden muss. Am frühen Abend vor der Abreise nach Sylt stellte die Familie dann die alles entscheidende Frage: »Wann können Sie denn bei uns in Peking sein?« Eine offizielle Einladung für die Einreise hatte die Familie gleich mitgebracht. »Wir freuen uns auf Sie.« Viel später erzählten sie Sabine, dass sie vorher mit einem jungen Aupair-Mädchen schlechte Erfahrungen gemacht hatten. Sie sei unzuverlässig gewesen und habe sich nicht ausreichend um die Kinder gekümmert. Dann war dieses Mädchen ohne Vorankündigung einfach abgereist. Der Besuch in Hamburg war quasi ein Aupair-Test. Der Manager sagt: »Es ist für beide Seiten wichtig, vorab klare Vereinbarungen zu treffen, um zu wissen, woran man ist.« Offenheit sei essenziell.

Nach dem Besuch der Familie in Hamburg ging alles schnell: Sabine beantragte ein Visum und buchte den Flug. Die Kosten für das Ticket habe man sich geteilt, im Haus der Familie in Peking sei sie dann allerdings Gast gewesen. »Die Begrüßung am Flughafen war freundschaftlich«, sagt sie. »Alle waren gekommen, um mich abzuholen – auch die Kinder.« Ihr erster Eindruck von Peking war hingegen nicht positiv.

Bei ihrer Ankunft im Januar herrschte Smog in der Millionenstadt. »Die Menschen liefen mit Atemschutzmasken durch die Straßen, über denen eine Dunstglocke aus Abgasen und Schmutz hing.« Die Behörden hatten die Alarmstufe Orange ausgerufen – die zweithöchste Gefahrenstufe. Der Gestank war unerträglich. 20 Millionen Pekinger Bürgern wurde geraten, ihre Wohnungen nicht zu verlassen bzw. öffentliche Verkehrsmittel zu benutzen. Doch die Straßen waren voll. Smog hin oder her: Jeder, der ein Auto hat, ist damit auch unterwegs. »Mit Umweltschutz haben die Chinesen nicht viel am Hut«, kritisiert Sabine. Peking sei eine anstrengende Stadt, in der sich rund um die Uhr Menschenmassen durch die Straßen schieben. Einen Ausflug mit dem Fahrrad, den sie bei besseren Luftverhältnissen unternahm, habe sie schnell bereut. »Ich war hinterher froh, dass ich die Tour überlebt habe«, sagt sie. In China herrsche das Prinzip »survival of the fittest« – nur die Harten kommen durch. »Auf den teilweise achtspurigen Straßen gibt es zwar eine extra Fahrspur für Fahrräder – aber auch als Fußgänger ist man absolutes Freiwild und muss wegen des rücksichtslosen Fahrstils der Chinesen höllisch aufpassen!«

Auf der Fahrt zur Wohnanlage der Familie, die vom Flughafen aus zwei Stunden mit dem Auto entfernt ist, gab es auf den ersten Blick »nichts Attraktives zu sehen – nur grauen Beton«. Sabine saß still im Wagen und dachte: »Oh Gott, wie soll ich es hier nur drei Monate aushalten?« Von ihren romantischen Vorstellungen über die Schönheit Pekings hat sie sich schnell verabschiedet. »Die Stadt ist ein Moloch!«

Doch aus den geplanten drei Monaten wurden dann mit Unterbrechungen zwölf Monate. Das sei in erster Linie der Familie zu verdanken. »Sie sind sehr großzügig, unkompliziert, hilfsbereit und vor allem liebenswert«, sagt Sabine. Wenn sie von ihnen erzählt, redet sie nur von »meiner Zweitfamilie in Peking«, und die Familienmitglieder nennen sie liebevoll »unsere Granny Sabine«. Die Kinder haben am Anfang eine Weile gebraucht, um sich an die Oma auf Zeit zu gewöhnen. Vor allem Vivien sei schüchtern und scheu gewesen. Die »kleine

Prinzessin« hatte ein wenig unter ihrer Niedlichkeit zu leiden. »Sie hat selbst den unfreundlichsten und rüdesten Chinesen ein Lächeln entlockt – alle wollten unserer Vivien wohl wegen ihrer blonden Haarpracht immer über den Kopf streichen. Und das mag sie gar nicht!« In Granny Sabine fand das Mädchen eine »kampfbereite Oma«, die so manchen »lästigen Bewunderer« laut auf Deutsch schimpfend abgeschreckt hat. »Die Kleine hat mich schon deshalb gemocht und im internationalen Kindergarten mit der Granny aus Germany gedroht, wenn andere Kinder sie geärgert haben.« Bald hatte Sabine einen »besonderen Draht« zu den Kindern. Das war für die Eltern ein großes Glück. »Sie fühlten sich freier und konnten ohne Sorge zu zweit etwas unternehmen.«

Mit Hilfe des Freundeskreises der Familie, der vor allem aus deutschen Diplomaten, Managern und Auslandsvertretern namhafter europäischer Konzerne besteht, lernte Sabine in einer sogenannten »Patengruppe« auch die touristischen Highlights in Peking und Umgebung kennen. »Die Frauen nahmen mich wie selbstverständlich auf – gemeinsam haben wir viel unternommen.« Ausflüge und Besichtigungen führten sie unter anderem zur Eisskulpturen-Show in Little Harbin. Mit Freude erinnert sich Sabine an Eisschlittenfahrten, die im strengen Winter in Peking ein typisches Vergnügen der Chinesen sind. »Dabei fand ich dann ein wenig von der Romantik, die ich mir vorher vorgestellt hatte.« Später besuchte sie auch die Verbotene Stadt, den Lamatempel und andere Sehenswürdigkeiten. »Die Ausflüge waren schön, aber viel wichtiger waren für mich die Familienzusammenkünfte und die intensiven Gespräche.«

Eines Abends erzählte Sabine von ihrer Entlassung. Der Manager reagierte fassungslos auf die »Zwangsverrentung«, wie sie ihren Rausschmiss nennt. »Er hat mir erzählt, dass er in seiner Firma bevorzugt ältere Mitarbeiter einstellt, denn sie werden von den Kunden geschätzt.« Ältere Arbeitnehmer seien routiniert und verlässlich, meinte er, hätten einen großen Wissenspool, Freude an der Arbeit und brächten gute Verkaufszahlen. Viele Kunden würden einem älteren Verkäufer eher vertrauen als einem jungen. Man habe in der Firma die Erfahrung gemacht, dass Kunden sich von einem Verkäufer jenseits der 50 besser beraten fühlen. Der Manager sagt: »Wer heute über 50 ist, stellt etwas dar, ist aktiv, verfügt über Kompetenz und ein fundiertes Wissen.« Personalchefs seien schlecht beraten, wenn sie auf diese Altersgruppe in einem Unternehmen verzichten würden. Das tradierte Bild von eingeschränkter Leistung und mangelndem Aufnahmevermögen stimme einfach nicht. Es sei eine »Katastrophe«, dass diese leistungsfähigen Menschen nur wegen ihres Geburtsdatums ausgegrenzt würden. »Das hat meiner Seele gutgetan«, sagt Sabine.

Ihr Aufenthalt in China hat sie inspiriert. China sei ein richtiges Abenteuer gewesen, diese Erfahrung möchte sie nicht missen. »Ich bin viel freier nach Hamburg heimgekehrt«, sagt sie fröhlich und versichert: »Ich werde noch viel unternehmen.« Aber jetzt freut sie sich erst einmal auf den nächsten Sommer. »Dann reist meine chinesische Familie wieder nach Sylt – und wir in Hamburg liegen natürlich auf ihrem Weg.«

In Peking wird Granny Sabine vermisst. »Ohne Sabine wäre es mir nicht möglich gewesen, mein Studium zu intensivieren und nach Deutschland zu fliegen«, sagt Gastgeberin Karin. Sabine sei Teil der Familie geworden. Die Kinder würden sie besonders vermissen. »Die drei hatten ihre eigenen Gute-Nacht-Rituale und Geheimnisse. Es gibt da ein großes Ehrenwort und ein Drachenspiel, von dem ich als Mutter bis heute nichts wissen darf. Im Kinderzimmer wurde abends viel gesungen und gelacht. Unsere Granny fehlt nicht nur den Kindern.«

BOBBY (66): IN BANGKOK WAR ICH MIT ZWEI PUBERTIERENDEN JUNGS UND EINER FLUTKATASTROPHE KONFRONTIERT

»Freunde treffen, Golf spielen, den Ruhestand daheim auf dem Sofa genießen – alles nichts für mich«, sagt Bobby, eine attraktive 66-Jährige aus Rheda-Wiedenbrück. »Ich kann nichts mit dem Rollenmodell der Dauerwellen-Omi von nebenan anfangen.« Und so entschloss sie sich, als Granny Aupair nach Thailand zu gehen. In Bangkok, 12 000 Kilometer von Deutschland entfernt, betreute sie die beiden Jungen Carlos (14) und Marco (12), um die berufstätigen Eltern etwas zu entlasten. Das war nicht immer einfach – doch dazu später mehr.

Vier Jahrzehnte lang hat die erfolgreiche Karrierefrau bei einem großen Medienkonzern im Marketing und Vertrieb gearbeitet. Als sie dann 2010 in den Ruhestand ging, wurde ihr Leben »von hundert auf null heruntergebremst«. Was nun? Mit Leidenschaft hat Bobby angefangen, Golf zu spielen und ihr Handicap verbessert. Aber die Auszeit auf dem Green befriedigte sie nur vorübergehend. Ohne Aufgaben und Verpflichtungen in den Alltag hineinzuleben und sich ausschließlich auf die Leichtigkeit des Seins zu konzentrieren – das war nicht ihr Ding. »Ich wusste recht schnell, dass ich auch weiterhin etwas Sinnvolles machen will!« Was tun?

Sie erzählte ihren Freundinnen davon, die nur sagten: »Du hast genug gearbeitet, Bobby! Ruh dich jetzt mal aus.« Doch eines Tages kam eine Freundin mit einem zerknitterten Zeitungsartikel und las ihr von »Omas im Ausland« vor. Bobby war sofort elektrisiert. »Granny Aupair – schon der Klang dieses Wortes hat bei mir Erinnerungen und Emotionen ausgelöst: Als junges Mädchen wollte ich nämlich als Aupair ins Ausland gehen.« Doch daraus wurde nichts, weil ihr Vater plötzlich starb.

Der Freundeskreis nahm ihren Plan sofort kritisch unter die Lupe. »Alle kannten meinen Spleen«, sagt sie. »Wenn ich gefragt wurde, was ich als Rentnerin vorhabe, war die Antwort: Ich möchte für eine gewisse Zeit im Ausland leben!« Es sollte über einen üblichen Aufenthalt im Hotel oder in einer Ferienanlage hinausgehen. Aber als Fremde in einer Familie leben? Daran hatte sie nie gedacht. Die Freundinnen warnten auch gleich vor »renitenten Kindern fremder Leute«, befürchteten, dass Bobby sich übernehmen, sich zu viel zumuten würde. Sie habe »ja keine Ahnung von Kindererziehung«, denn Bobby ist kinderlos geblieben. »Ich habe mich halt immer voll und ganz auf die Arbeit konzentriert – und das auch nie bereut.«

Doch irgendwie standen im August 2011 alle Zeichen auf Neustart. Bobby füllte den Fragebogen für ihre Bewerbung als Granny Aupair aus und fand schnell eine Familie in Thailand. »Der Vater ist Deutscher und lebt schon seit 20 Jahren dort, seine Frau Marivic stammt von den Philippinen«, berichtet Bobby. Die beiden suchten nach einer Aupair mit Erfahrung und nicht nach einem jungen Mädchen, das sich womöglich allein mit den Kindern langweilen oder als Nachtschwärmerin von Disco zu Disco touren würde. »Doch gab es schon eine andere Bewerberin, die von der Familie bevorzugt wurde. Ich war enttäuscht, aber dann bekam diese Granny kurz vor der geplanten Abreise kalte Füße und sagte ab.« Auf einmal war Bobby die Favoritin der Familie. »Gleich beim ersten Anruf aus Bangkok sagte ich zu.«

Zwischen Bangkok und Rheda-Wiedenbrück wurde viel gemailt und telefoniert. »Ich wollte mir ein möglichst genaues Bild von der Familie und meiner Wohnsituation in Bangkok machen«, sagt Bobby. Als sie erfuhr, dass sie ein eigenes Zimmer haben würde, war sie beruhigt. »Ich wollte gleich für ein halbes Jahr nach Thailand übersiedeln.« Als sie ihre Koffer packte, wusste sie, dass ein Abenteuer vor ihr lag. »Aber genau das habe ich mir ja auch gewünscht!« Wie abenteuerlich und aufregend die erste Reise dann am Ende werden sollte, konnte Bobby zu dem Zeitpunkt allerdings nicht ahnen.

Die Eltern von Marco und Carlos sind beide berufstätig. Sie arbeiten für ein deutsches Unternehmen in Bangkok und sind oft geschäftlich unterwegs. »Bevor ich in die Familie kam, waren die Kinder viel auf sich allein gestellt – und sie haben dieses freie Leben auch genossen, ihre Zeit mit Computerspielen vertrödelt, vor dem Fernseher gesessen und viel zu viel Fastfood verdrückt«, erzählt Bobby. Dass plötzlich jeden Tag jemand im Haus war, war für die Kinder ungewohnt. »Ich wollte natürlich von ihnen wissen, wohin sie gehen, wann sie wiederkommen, ob die Schularbeiten erledigt sind und das Zimmer aufgeräumt ist.« Schnell protestierten die pubertierenden Jungen gegen die Granny aus Deutschland. »Ich fühlte mich von Marco sogar abgelehnt.« Er ignorierte ihre Bitten, stellte sich stur und verdrehte die Augen, wenn Bobby ihn um etwas bat. »Ich litt unter der Renitenz des Jungen und erwog sogar den Abbruch meines Abenteuers.«

Dann kam im Oktober 2011 die große Flut. Mit dem Erreichen des Höchststandes passierte, womit niemand gerechnet hatte: Die Straßen standen meterhoch unter Wasser, über 400 Menschen ertranken, in vielen Provinzen und sogar in der Hauptstadt Bangkok wurde Katastrophenalarm ausgerufen. Mit Sandsäcken wurden Schutzwälle errichtet, trotzdem waren über zwei Millionen Menschen betroffen. Bahnstrecken und Landstraßen waren unpassierbar. Starkregenfälle in der Monsunzeit hatten zu Sturzfluten geführt. »Es war beängstigend«, gesteht Bobby. »Das Wasser kam gefährlich nahe an das Haus meiner Familie heran – schon fünf Straßen weiter waren die Häuser überflutet.«

Bobby und die Familie blieben trotz der drohenden Wassermassen. Sie waren am Ende die einzigen »Farang« – also Ausländer –, die in dem Viertel auf den Rückgang der Flut warteten. Viele Nachbarn hatten rechtzeitig ihre Wohnungen verlassen. Die Supermärkte waren leergekauft, der Unterricht in den Schulen fiel für Wochen aus. »Ich hatte alle Hände voll zu tun«, sagt Bobby. Es gab viel zu organisieren – Lebensmittel und Trinkwasser mussten beschafft werden, der Strom war ausgefallen. Außerdem hat Bobby dafür gesorgt, dass die Jungen ihr Schulpensum zu Hause erledigen konnten. »Ich habe mich mit den Kindern an den Tisch gesetzt und dann haben wir gepaukt.«

Doch jedes Unglück kommt mit einem Geschenk: »Es war sicher auch die große Flut im Oktober, die mich und die beiden Jungs dann am Ende zusammengeschweißt hat.« Was Bobby noch Wochen vorher nicht zu träumen gehofft hatte, geschah plötzlich wie von selbst: Die Jungen folgten ihr, räumten die Zimmer auf, erledigten die Schulaufgaben und halfen im Haushalt. »Die Familie bat mich, weitere sechs Monate in Bangkok zu bleiben.« Mittlerweile gehört Bobby dazu. »Nach dir wird es keine andere Granny geben«, hat der Hausherr versichert, als Bobby nach einem Jahr wieder Richtung Deutschland abgereist ist. »Bitte komm wieder – wir brauchen dich.« Und Bobby ist zurückgekehrt und für ein weiteres Jahr zu ihrer Familie nach Bangkok gereist. Bei den Jungen punktet sie heute nicht nur mit deutscher Hausmannskost wie Schnitzel und Spätzle – sie ist für Marco und Carlos längst zu einer Vertrauten geworden. Die Beziehung ist liebevoll und intensiv. »Ich fühle mich einfach gut aufgehoben und möchte hier noch viel erleben.« Sie war bereits in der Bergregion Thailands, ist durch Laos gereist, und ein wenig Thailändisch hat sie auch gelernt. Doch »Lä':o dschö:gan« – das heißt »tschüss« – sagt sie noch lange nicht.

CHRISTA (72): IN KANADA HAT DIE CHEMIE GESTIMMT

»Im Westen ist Saskatchewan, im Osten Ontario«, erklärt Christa und breitet die Arme aus, um die unendliche Weite Kanadas zu beschreiben. Die Geste wirkt wie eine liebevolle Umarmung: »So groß, so schön«, meint sie und präzisiert, wo sie als Granny Aupair in Kanada gelebt hat: »Rossburn liegt in der Provinz Manitoba, gut 300 Kilometer vom Flughafen Winnipeg entfernt – Rossburn ist ein winziges Nest, aber wunderbar.« Sie bekommt einen nachdenklichen Gesichtsausdruck und schweigt für eine kleine Weile, denn ihre Gedanken wandern weit. Dann sprudeln die Worte aus dem Mund der sonst eher stillen, zurückgenommenen Frau. Christa ist ein Mensch sparsamer Gesten und leiser Töne, aber wenn sie von ihrem Lebenstraum erzählt, den sie sich mit 72 Jahren erfüllt hat, platzt es aus ihr heraus: »Drei Monate Kanada – endlich, endlich, endlich!«

In Rossburn wird jede Seele gezählt. 546 Menschen leben in dem Ort in der östlichsten Prärieprovinz, der auf der Landkarte nur schwer zu finden ist. Fünf dieser »Seelen« gehören zur Familie Wilke. Die Wilkes, das sind die Eltern Eva und Uli und die Kinder Leni, Kai und Jan. Sie haben vor gut fünf Jahren Deutschland den Rücken gekehrt und sich ihrerseits damit einen Lebenstraum erfüllt. Uli Wilke hat sich gerade als Bauunternehmer selbstständig gemacht, seine Frau arbeitet seit Kurzem wieder als Krankenschwester im nächstgrößeren Ort. Als die Sommerferien vor der Tür stehen und die Eltern keinen Urlaub nehmen können, droht Ärger. »In Kanada gibt es sofort Stress mit den Behörden, wenn Eltern ihre Kinder unter zwölf Jahren allein zu Hause lassen«, erläutert Christa die Not der Familie Wilke. Also musste möglichst rasch eine Lösung her – und diese Lösung hieß Christa.

Familie Wilke hatte wenige Wochen zuvor per Mail »SOS« über den Atlantik gefunkt und die Hamburger Agentur um eine »Not-Oma« gebeten. Dann war alles sehr schnell gegangen: In Hamburg erinnerte man sich an die sympathische Bauersfrau aus Niedersachsen, die unbedingt nach Kanada wollte. Ein Anruf genügte und Christa sagte spontan zu. Vier Wochen später stieg sie in Frankfurt ins Flugzeug Richtung Kanada und landete nach neun Stunden in Winnipeg.

Kanada ist knapp 7000 Kilometer von Deutschland entfernt. Über den Wolken zwischen Himmel und Nordatlantik hatte Christa plötzlich viel Zeit, ihre Entscheidung zu realisieren und in aller Ruhe zu durchdenken. Was würde sie in der kanadischen Provinz erwarten? Bisher kannte sie Familie Wilke nur vom Telefon. Okay, am Telefon und per Mail stimmte die Chemie. Aber würde man auch im Alltag miteinander klarkommen? Sie erinnerte sich an die angenehme Stimme der jungen Mutter, an Ulis herzliche Worte und an das ausgelassene Kinderlachen im Hintergrund, als sie mit den Wilkes vor ihrem Abflug das letzte Mal telefoniert hatte. Liebe Menschen, keine Frage. Aber würden die drei Kinder sie als Oma auf Zeit akzeptieren, eine fremde Frau aus Deutschland? Das konnte ihr niemand garantieren. »Auf einmal hatte ich ein bisschen Schiss und Angst vor der eigenen Courage«, gesteht sie. Außerdem war ja alles rund um die Abreise hopplahopp gegangen.

Christa wollte gleich Nägel mit Köpfen machen und buchte kurzentschlossen den Flug. Ein Touristenvisum war für Kanada nicht erforderlich, aber würde ihr Volkshochschul-Englisch für die Einreiseformalitäten ausreichen? Day of departure, entry form, landing card – waren das die gängigen Vokabeln für den Beamten an der Passkontrolle? Wie war das Wetter dort im Juli? Was sollte sie in den Koffer packen und was den Kindern mitbringen? Lebhaft erinnert sie sich an das letzte Telefongespräch vor dem Abflug. »Ich habe zu Eva gesagt: Für die Erziehung bin ich aber nicht zuständig und Eva hat mir versichert: Nein, nein – du sollst die Kids nur betreuen. Und putzen musst du hier auch nicht!« Dann waren ihr die Fragen plötzlich ausgegangen. Nach einem aufmunternden »Tschüss, bis bald« war das Gespräch beendet, und als Christa all die vielen Fragen wieder einfielen, die sie eigentlich hatte stellen wollen, mochte sie nicht noch einmal anrufen.

Als Aupair ins Ausland gehen? »Davon träumen doch nur junge Mädchen!« Das hatte die Freundin vom Landfrauenverband gesagt. Auch Landfrauen reisen viel und haben ihren Spaß dabei. Christa war mit ihrer Damenrunde schon in Österreich, Norwegen und Masuren. Mal waren sie eine Woche, mal zehn Tage unterwegs und haben viel gesehen und erlebt. Aber gleich für drei Monate nach Kanada? Im Freundes- und Bekanntenkreis gab es Zweifel und Sorgen rund um Christas Reisepläne. Nur Tochter Sabine hat ihre Mutter sofort verstanden. Mit dem deutschen Bauernverband war die älteste Tochter als Belohnung zum Abschluss ihrer Ausbildung als Hauswirtschafterin nach Kanada gereist. »Sabine hat mich nach ihrer Rückkehr mit dem Reisefieber infiziert«, sagt Christa. Auf einmal war dieses Land in ihrem Kopf: Kanada – da wollte sie hin.

In ihrer Jugend konnte Christa von fremden Ländern nur träumen. Ihr ganzes Leben war die bodenständige Frau an die Arbeit auf dem Bauernhof gebunden. Über 43 Jahre lang hat sie mit ihrem Ehemann Willi einen kleinen, kaum rentablen Hof bewirtschaftet. Sie hat Kühe und Schweine versorgt, Pferde gehalten und ihre vier Kinder großgezogen. Die Feldarbeit war schwer. Auf 15 Hektar wurden Weizen, Hafer und Kartoffeln angebaut. Trotz all der Plackerei und Mühe war der Hof am Ende zu klein, um wirtschaftlich weitergeführt zu werden. »Schweren Herzens gaben wir den Betrieb schon vor gut zehn Jahren auf.« Das große Haus wurde in zwei Wohnungen aufgeteilt, eine wurde vermietet, in der anderen lebt Christa. Der ehemalige Stall wurde zu Garagen umgebaut.

Christa war ihr Leben lang eine Bäuerin mit Leib und Seele. Sie hat die schwere Arbeit draußen auf dem Feld geliebt und gern den Stall ausgemistet. Irgendwie mochte sie die »Landluft«. Die Familie war ihr Lebensinhalt, und als die Kinder nach dem Tod des Vaters eines nach dem anderen aus dem Haus gingen, wurde es plötzlich furchtbar still um sie herum. Dann ein Schicksalsschlag, der die bislang stets gesunde, kräftige Frau kurzfristig aus der Bahn geworfen hat: Bei einer Routineuntersuchung stellte der Arzt Brustkrebs fest. Doch Christa ist niemand, der sich so leicht unterkriegen lässt, sie hat die Chemotherapie mit all ihren Nebenwirkungen längst überstanden und gilt heute als geheilt. Die unternehmungslustige Frau hat eine große Sehnsucht nach dem Leben – und nach Enkelkindern! Kinderlärm im Haus – das wäre schön …

Einfach so allein in ihrem Häuschen auf dem Land hocken bleiben, alt werden und auf Enkelkinder warten, das ist nichts für Christa. »Wer rastet, der rostet«, sagt sie energisch. In der Volkshochschule hat sie mit den Landfrauen regelmäßig einmal die Woche drei Jahre lang Englisch gepaukt. In der Gruppe ist es ihr leichtgefallen, sich der fremden Sprache zu nähern. »Enjoy the many opportunities Canada has to offer …« Ja, sie versteht, was das heißt. Und sie hat all die vielen Möglichkeiten genossen, die Kanada zu bieten hat.

Lange bevor sie nach Kanada gereist ist, hat sie eine ganz andere Reise ins Unbekannte gewagt: die Reise ins Universum »Internet«. »Mein Neffe hat mir dann geraten, einen Laptop zu kaufen, damit ich von Kanada aus mit meinen Kindern in Kontakt bleiben kann.« Dafür ist sie ihm heute noch dankbar. Anfangs war für sie alles rund um Mails, Google, twittern, chatten & surfen ein Buch mit sieben Siegeln. Doch Christa ist keine Frau, die schnell aufgibt. Von allem Neuen und Unbekannten hat sie sich nie schrecken lassen. Also hat sie einen Computerkurs belegt und »Internet wie Englisch gelernt«. Damit hat sich für die Landfrau eine völlig neue Welt eröffnet. Dieser Schritt machte sich bezahlt. »Ich konnte mit der Familie in Kanada jederzeit mailen und war so ruck, zuck immer auf dem Laufenden.« Später hat sie dann von Kanada aus sehr zum Erstaunen ihrer Kinder mit ihnen geskypt und per Webcam telefoniert. »Was für eine tolle Erfindung«, schwärmt sie. Und heute erleichtert ihr der Umgang mit dem Laptop den Kontakt zu den Wilkes in Kanada.

Für Familie Wilke war die Granny aus Deutschland ein Geschenk. Als Gastvater Uli sie vom Flughafen abholte, hielt er ein Willkommensschild in die Höhe, das die ganze Familie beschriftet und bemalt hatte. »Welcome Granny Christa« stand mit bunten Buchstaben darauf. Die kleine Leni (5) hatte den Satz mit Blümchen verziert und Kai, ihr zwei Jahre älterer Bruder, hatte die Idee, das Schild mit der deutschen und der kanadischen Flagge zu umranden. Wie alte Freunde lagen sich der Gastvater und Christa zur Begrüßung in den Armen. Es war bereits spät am Abend, doch Christa war nicht müde, sondern nach den vielen Stunden im Flugzeug völlig aufgekratzt. Uli versprach, man sei bald zu Hause. Für Christa ein erster Eindruck von der Größe Kanadas – »bald« hieß nach 300 Kilometern und vier Stunden Fahrt im Geländewagen. In diesem großen Land gelten halt andere Maßstäbe. Die Landschaft rauschte im Dunkeln an Christa vorüber, Uli erzählte von seiner Selbstständigkeit, von Fassadendämmung, einer geplanten Investition in eine neue Baumaschine und der schlüsselfertigen »deutschen Wertarbeit«, die man auch in Kanada zu schätzen wisse. Es wirkte alles so vertraut, als wäre Christa ein Familienmitglied. Uli versicherte ihr: »Wir brauchen dich in unserem Team, Christa!«

Die Ankunft im Haus war freundlich. Eva hatte trotz später Stunde Kaffee gekocht und Muffins gebacken: »Willkommen in deinem neuen Zuhause.« Gleich darauf hörte man nackte Füßchen über den Holzboden tapsen: Leni schlich schüchtern ins Wohnzimmer und kletterte wortlos auf Mamas Schoß. Neugierig und abwartend zugleich beobachtete sie Christa und wirkte ein wenig ängstlich. Doch schon am nächsten Tag zeigte die strohblonde Fünfjährige, dass sie die Granny aus Deutschland mochte. Ihr Bruder Kai ist ein lauter Draufgänger, abenteuerlustig, risikobereit und kontaktfreudig. Sein zwei Jahre älterer Bruder Jan ist intelligent, aber etwas dickköpfig, ein Musterschüler mit musischem Talent und wie seine kleine Schwester mit einem unwiderstehlichen »Dackelblick« begabt. Die Jungen hatten beide eine große Klappe, waren aber trotzdem folgsam und gut erzogen. Sie respektierten die Granny. Wenn es hieß, »reinkommen, Hände waschen, Tisch decken«, gaben sie dem Fußball noch einen letzten Kick und kamen ins Haus. Sehr zum Erstaunen der Mutter räumten alle drei sogar ohne zu murren ihre Zimmer auf.

Zu den Kindern hatte Christa nach kurzer Zeit eine herzliche Beziehung. Es gab nur eine winzige Schwierigkeit: Sie sprachen Englisch in einer Art Lichtgeschwindigkeit! Das machte die Verständigung manchmal zum Problem. Dagegen hat selbst das viele Pauken in der Volkshochschule nicht geholfen. Doch notfalls machten die Kinder sich eben mit Händen und Füßen verständlich. Als Christa später nach ihrer Rückkehr in Deutschland wieder in den Englischkurs an der Volkshochschule ging, konnten die Lehrer nur staunen.

Es dauerte nicht lange, und die Granny war voll und ganz in den Familienalltag eingebunden. Für die Mutter der Kinder, Eva, eine offene und humorvolle Frau, war Christa mit ihrer bodenständigen Lebenserfahrung bald eine wertvolle Gesprächspartnerin – teilweise sogar eine mütterliche Freundin. »Beide haben mir viel erzählt, natürlich jeder für sich. Wenn man so einsam wohnt, braucht man wohl ab und zu jemanden, dem man sich anvertrauen kann. Damit konnte ich aber gut umgehen – Diskretion und Einfühlungsvermögen sind dabei wichtige Eigenschaften«, erzählt Christa. Einmal, nach einem intensiven Gespräch mit Christa, sagte Uli etwas nachdenklich: »Ehrlich gesagt, glaube ich ja nicht an den lieben Gott. Aber dass gerade du zu uns gekommen bist, das ist dann wohl doch 'ne Fügung!«

Das Ehepaar genoss es, auch mal etwas ohne die Kinder zu unternehmen. Sie gingen zum Candlelight-Dinner oder tagsüber zum Angeln und waren dankbar für »so viel Freiheit«. Während die Eltern sonntags ausschliefen, fuhr Christa mit den Kindern zum Badesee. Statt des klassischen Mittagessens gab es an diesen Tagen für jeden ein

Lunchpaket. Die nächste Imbissbude lag unerreichbar weit weg. Aber die Kinder waren keineswegs enttäuscht, denn Christas Pfannkuchen, die selbstgebackenen Amerikaner und ein Kuchen namens »Donauwellen« schmeckten besser als Pizza, Burger & Co. Die Liebe zur Granny ging eben auch durch den Magen. Abends grillte man oft gemeinsam. »Wir haben draußen am Lagerfeuer gesessen und unsere Würstchen verzehrt – über uns nur der klare Nachthimmel und die vielen Milliarden Sterne«, schwärmt Christa. »In der Wildnis erlebt man die Milchstraße mit all ihrer Fülle und fühlt sich so klein wie eine Ameise.«

Sehr schnell entstand zwischen Familie Wilke und Christa ein »Wir-Gefühl«. Unter Christas Anleitung wurde gemeinsam gekocht und gebacken, und Mutter Eva war oft überrascht, dass die Kinder klaglos den Teller leer aßen: »Ich dachte, ihr mögt kein Gemüse?« Aber à la Granny zubereitet, schmeckten plötzlich auch Brokkoli, Karotten, Kartoffeln und Salat. Nach dem Essen bestanden die Kinder auf einem festen Abendritual: Erst erzählte Christa eine Gute-Nacht-Geschichte, dann folgte eine Kissenschlacht mit der Granny, es gab Popcorn aus der Mikrowelle, und dann hieß es Zähne putzen, Licht aus.

Im Haus der Wilkes hat Christa ein geräumiges und helles Zimmer mit eigenem Bad bewohnt. Kost und Logis waren frei. Schon der Blick aus dem Fenster ließ die große wilde Weite dieses Landes erahnen. Da in Kanada nichts einfach »mal eben« um die Ecke liegt, stellte ihr die Familie einen Van zur Verfügung, mit dem Christa Rossburns Umgebung erkundete. Schnell wurde die Granny aus Deutschland zur Attraktion. Einmal wollte ein Nachbar von Uli wissen, warum er sich eine 72-Jährige als Aupair ins Haus geholt hatte und nicht eine 27-Jährige, wer sie denn ausgesucht hätte. »Meine Frau natürlich«, antwortete Uli. »Na, dann ist ja alles klar«, lachte der Nachbar und lud alle zum Forellenessen ein. Christa musste vom Leben in Deutschland erzählen, von ihren Kindern und »Frau Merkel«, die in Kanada als »Eiserne Miss Euro« gesehen wird.

Die Kanadier sind Natur- und Outdoor-Freaks – das wirkte ansteckend auf Christa. Kanu fahren, Angeln und Wandern gehören in Kanada zum Leben und die Granny Aupair hat den Lebensstil gern adaptiert. Ganz in der Nähe von Rossburn liegt der Riding Mountain National Park. Wie der Name andeutet, kann man dort die Gegend auf dem Rücken eines gemieteten Pferdes erkunden. Christa machte mit den Kindern dorthin einen Ausflug – verzichtete aber darauf, selbst mitzureiten. An warmen Sommertagen fuhr Christa mit den Kindern zum Baden, meist an den nahen Rossman Lake, den auch Angler und Fliegenfischer schätzen. Die einen fangen dort große Hechte, den Northern Pike, die anderen Regenbogenforellen. Rossburn mag zwar nicht groß sein, aber der Ort liegt im Herzen einer Landschaft, die zu den 13 herausragenden Biosphärenreservaten Kanadas gehört. Für einen naturliebenden Menschen wie Christa war es das Paradies auf Erden. Für die Ureinwohner der Prärie-Provinz Manitoba – die Assiniboine- und Cree-Indianer – hatte die Landschaft, die vor Jahrtausenden durch die Eiszeit geformt wurde, stets etwas Magisches. An den Ufern der vielen tausend Seen lauschten sie den Wellen und glaubten zu hören, wie Manitu seine Trommel schlägt. »Der Schöpfer spricht zu uns«, so sagten sie. Bis heute begeht man sogenannte Powwows, Festveranstaltungen, bei denen die »Native Americans« stolz ihre Stammeszugehörigkeit bekunden, Körper und Seele stärken und alte Traditionen pflegen. »Ich durfte an einem Ritual in einer Indianergemeinde zu Ehren der Verstorbenen teilnehmen«, erzählt Christa. »Ich hatte Tränen in den Augen, so ergreifend war alles.« Sie spürte die Vibration der Trommelschläge im ganzen Körper und konnte die »Kräfte« sehr deutlich fühlen, von denen alle durchdrungen waren. Auch wenn nicht darüber gesprochen wurde, so wusste Christa doch, dass die Indianer ihr damit eine große Ehre erwiesen haben. Es hat sie glücklich gemacht, dass sie als Außenstehende dabei sein durfte. Eine Nachbarin der Familie, die wie Christa Bäuerin ist und mit der sie sich besonders gut verstand, hatte die Granny aus Deutschland zu dem Festival mitgenommen.

Alles war so ländlich vertraut – wie ein Stück Heimat in der Fremde. Einsamkeit hat Christa in Kanada nie gefühlt.

Doch ein Urlaub und ein Aupair-Aufenthalt unterscheiden sich ganz erheblich voneinander. Christa ist eingetaucht in die Geschichte des Landes, sie war aber auch eng eingebunden in das Leben der Wilkes. Noch heute, wenn Eva Wilke nach Dienstschluss von ihren Hausbesuchen als Krankenschwester heimkehrt, ruft sie oftmals in Deutschland an, um von ihrem Alltag und ihren Sorgen um die Patienten zu berichten. »Christa versteht es, mich zu trösten.« Als sie noch in Kanada war, haben die beiden Frauen stets zusammengesessen, wenn Eva von der Arbeit kam. Das waren meist ernste Gespräche über Krankheit und Tod, Einsamkeit im Alter und Ängste. Wie eine mütterliche Freundin hat Christa der Krankenschwester zugehört und ihr so die Last etwas leichter gemacht. Eva Wilke betont: »Wir konnten allerdings auch herzlich lachen.« Und ihr Mann ergänzt: »Es hat einfach gepasst!« Als Christa wieder nach Deutschland zurückgeflogen ist, flossen nicht nur bei den Kindern dicke Tränen.

Es gibt Grannys, die reisen mit einer ganz bestimmten Vorstellung an und sind dann enttäuscht, wenn das fremde Land und die fremde Familie nicht in dieses Bild passen. Christa ist eine gestandene, vom Leben geprüfte Frau, die alles offen auf sich zukommen lässt. Geradlinig, auf eine angenehme Art altmodisch, zuverlässig und kompromissbereit geht sie durchs Leben. »Ich behandele andere Menschen einfach so, wie ich selbst behandelt werden möchte«, sagt sie freundlich. Ihre positive Grundeinstellung und ihre Aufgeschlossenheit gegenüber anderen waren bei dem Granny-Einsatz eine große Hilfe.

Mit »ihrer« Familie in Kanada mailt Christa bis heute regelmäßig. Für alle steht fest, dass sie wiederkommen muss. Kanada ist für Christa eine zweite Heimat geworden. Zu Hause in Deutschland muss Christa immer wieder erzählen, wie es ihr dort ergangen ist. »Ich berichte gern von meinen Erfahrungen«, sagt sie. »Vor allem, weil ich anderen Frauen Mut machen will. Wer etwas Neues wagt, bleibt jung.«

GRANNYS IN GUTER GESELLSCHAFT

Granny Aupair vermittelt Frauen nicht nur als »Leih-Omas« in Familien, sondern auch als Gesellschafterinnen im altmodischen Sinne. Ob es die greise Dame in Afrika ist, der leicht behinderte ältere Herr in Kanada oder der rüstige Rentner in Argentinien – sie alle freuen sich über eine deutschsprachige Gesellschafterin, die mit ihnen spazieren geht, aus einem deutschsprachigen Buch vorliest und mit ihnen über alte Zeiten plaudert. Als Gesellschafterin wird die Granny schnell zu einer festen Bezugsperson, vor allem für hochbetagte Auswanderer ist es eine Bereicherung, Erinnerungen an die Kindheit in Deutschland teilen zu können. Die verschüttete Sprache und eine nie vergessene kulturelle Identität werden bei vertrauten Gesprächen zu neuem Leben erweckt. Granny Aupairs, die als Gesellschafterinnen das Ausland erkunden, erfahren dabei viel über die Geschichte und Kultur des Gastlandes. Ein Land aus dem Blickwinkel von Auswanderern zu betrachten, verschafft einen Zugang, den kein Reiseführer vermitteln kann.

URSULA (72): KARL-HEINZ HAT MIR BUENOS AIRES GEZEIGT

»Meine Frau ist vor anderthalb Jahren gestorben, ich bin sehr einsam und vermisse die deutsche Küche – kann ich bei Ihnen eine Granny Aupair bestellen?« Die Mitarbeiter der Agentur waren über diese geradlinig-naive Anfrage gerührt: Karl-Heinz ist 81 Jahre alt, lebt seit über 50 Jahren in Buenos Aires – und hat Heimweh nach Deutschland. »Vor allem die deftigen Eintöpfe fehlen mir«, schrieb er in einer Mail. Die Granny müsse auch nur mittags etwas Deutsches kochen – das Frühstück bereite er vor und abends wolle er ohnehin ausgehen. »Vielleicht in eine Tango-Bar«, versprach er. »Wer nach Buenos Aires kommt, muss einen Tanzabend in unserer Stadt erleben.« Karl-Heinz erfuhr, dass die Frauen Familien mit Kindern bevorzugen, aber der Auswanderer ließ nicht locker. Er konterte, dass »seine Granny« bei ihm viel mehr Freizeit hätte und er mit ihr das Land bereisen würde. Er sei noch sehr rüstig! Anfangs war Ursula skeptisch, aber dann fand sie mehr und mehr Gefallen an dem Gedanken, für einige Monate nach Argentinien zu gehen. »Ich habe schließlich einfach zugesagt«, erinnert sich die Frau aus Hannover. Zu der Zeit hatten die beiden schon lange Telefongespräche geführt und Fotos ausgetauscht. Für Ursula stand fest: »Ich mache das! Was soll mir schon passieren – er ist ein alter Mann.« Aus Angst vor Gerede hat sie außer ihrer besten Freundin aber niemandem von ihrem Plan erzählt.

Wochen später lieferte der Postbote in Hamburg bei »Granny Aupair« eine Ansichtskarte aus Buenos Aires ab: »Liebe Leute, wir senden Ihnen herzliche Grüße aus der Stadt des Tangos. Es klappt prima mit uns beiden Alten.« Ursula war von dem agilen Herrn von

Anfang an begeistert. »Lässig lehnte er am Tresen einer Kaffeebar in der Ankunftshalle des Flughafens«, beschreibt sie ihren ersten Eindruck. »Ein wirklich gutaussehender, elegant gekleideter Mann.« Zur Begrüßung hat er ihr zugerufen: »Buenos días – du musst Ursula sein.« Von den Fotos her hat er sie gleich erkannt. Dann hat er ihr seinen Arm angeboten und sie mit einem »Por favor« gebeten, sich bei ihm einzuhaken. »Es war ganz selbstverständlich – so, als würden wir uns schon seit Jahrzehnten kennen.« Er lud sie gleich in sein Lieblingslokal, die »Voulez Bar« im Szeneviertel Palermo, zu einem kleinen Snack ein. Sie lauschte der Straßenmusik, während der Kellner ein Lendensteak – ein »bife de lomo« – und einen Pinot Noir brachte. »Ich war beschwingt von dem Wein, der Stadt und meinem charmanten Begleiter«, sagt Ursula. Sie hatte sich gedanklich (trotz seiner gegenteiligen Versicherungen) auf eine »Art Pflegestelle« eingerichtet und mit einem alten gebrechlichen Mann gerechnet. »Doch Karl-Heinz ist mit seinen 81 Jahren jünger als so mancher Deutsche Mitte 50«, meint sie.

Als Werkzeugmacher ist er mit der Einwanderungswelle in den 1960er-Jahren nach Argentinien gekommen und hat mit seinen Fähigkeiten relativ schnell eine typische Auswandererkarriere gemacht. »Meine Reparaturwerkstatt für Metallwaren aller Art lief hervorragend – nach 25 Jahren habe ich den Laden verkauft und mich mit meiner Frau zur Ruhe gesetzt.« Buenos Aires war immer eine Boomtown, in der viele Emigranten ihr Glück suchten und oft fanden. Karl-Heinz lernte seine Frau, eine junge Argentinierin, gleich nach seiner Ankunft kennen. Schon bald zogen die beiden in ein großes Haus auf den Hügeln von Recoleta. Die Ehe war glücklich, blieb allerdings kinderlos. Als Agustina nach einer langen Leidenszeit an Krebs starb, war Karl-Heinz fassungslos. »Wir waren immer ein Team, machten alles gemeinsam und haben das Leben genossen – ich kam allein nicht klar«, hat er seiner Granny erzählt. Die promovierte Chemikerin hörte gern zu, wenn Karl-Heinz aus seinem schillernden Leben erzählte. Ihre drei Ehen waren alle glücklos verlaufen. Zwei Mal ließ sie sich scheiden, ihr dritter Mann starb vor vier Jahren. »Ich wollte keine neue Beziehung mehr eingehen«, erklärt sie. Ihre einzige Tochter ist vor zwei Jahren bei einem Autounfall verstorben. »Das war für mich der größte Verlust meines Lebens«, sagt sie. Ursula musste wegen einer Depression behandelt werden. »Wenn ich meinen Freundinnenkreis nicht gehabt hätte, wäre ich sicher nicht mehr mit dem Leben fertig geworden.« Aus diesem Damenkränzchen kam auch die Anregung, als Granny ins Ausland zu gehen.

»Seit ich als Granny in Argentinien war, bin ich ein anderer Mensch«, sagt Ursula und erzählt immer wieder von ihrer Zeit in Buenos Aires. »Am liebsten war ich mit Karl in einer Milonga – so heißen die Tangosäle.« Die Atmosphäre in einer Milonga sei »ein Jungbrunnen«: Arm und Reich, Alt und Jung – alle Menschen treffen sich dort, um zu tanzen. Hier habe sie mit Karl-Heinz viele Stunden verbracht und »die angestaute Trauer meines ganzen Lebens einfach wegtanzen können«. Die Melancholie des Tangos sei für sie zum Synonym für diese Metropole geworden. Tagsüber flanierten die beiden über die Avenida Alvear, eine der teuersten Straßen der Stadt. Ursula hat sich Lackschuhe gekauft, einen weißen Hosenanzug und ein gelbes Cocktailkleid. »Niemals hätte ich mich in Deutschland getraut, diese wunderschönen Sachen auch wirklich anzuziehen – aber in Argentinien ist es normal, dass die Menschen sich hübsch machen.« Karl-Heinz habe das Shoppen mit ihr genossen, ihre Freude geteilt und sie ständig ermutigt, »ganz Frau zu sein«. Man habe ein bisschen geflirtet, doch wirklich verliebt habe sie sich nicht. »Das ist ja auch gar nicht notwendig – trotzdem habe ich mich begehrt gefühlt.«

Die langen Abende am Kaminfeuer des großen Hauses waren für Ursula wie »eine heilsame Therapie«. Sie hat von Deutschland erzählt, aus ihrem Leben berichtet und gemeinsam haben beide viel gelacht. Nur eins haben sie nicht gemacht: »Eintöpfe gekocht!« Es blieb einfach keine Zeit für Erbsen, Bohnen und Linsen. »Wir sind jeden Tag ausgegangen, aber ich habe Karl versprochen, dass er seine deftigen Suppen eines Tages von mir kriegt.« Keine Frage, dass sich die beiden wiedersehen wollen. Bei der Abreise sind Tränen geflossen. »Hasta pronto!« – Auf bald! –, hat Karl-Heinz ihr hinterhergerufen, als er sie am Abflugtag verabschiedet hat. Beide haben Zukunftspläne. »Im nächsten Jahr fahren wir von Buenos Aires mit dem Wagen bis nach Feuerland.«

REGINE (64):
IN TANSANIA WAR ICH EINE GRANNY FÜR DIE OMI

Die alte Dame in Afrika ist über 90 Jahre alt. Sie ist körperlich noch recht fit, aber manchmal ist sie desorientiert und auch ein wenig traurig. Dann sitzt sie in dem tropischen Garten, blinzelt in die Sonne und fragt sich, wo sie ist und wie sie dorthin gekommen ist. Ursprünglich stammt die alte Dame aus Baden-Württemberg. Jetzt lebt sie mit ihrer 62-jährigen Tochter gleich am Indischen Ozean in einem großen Haus in Tansanias Hauptstadt Daressalam und genießt die Vorzüge einer Großfamilie mit drei Enkeln und zwei Urenkeln. »Die Alternative wäre ein Pflegeheim in Deutschland gewesen – weit weg von ihrer Familie«, sagt die Tochter. Das war für sie »undenkbar« – Omi sollte ihren Lebensabend im Kreis der Familie verbringen. »Das bin ich meiner Mutter schuldig«, sagt sie.

Schon vor über 30 Jahren ist ihre Tochter Silvia als Entwicklungshelferin nach Afrika gegangen, hat dort »die Liebe ihres Lebens« gefunden, eine Familie gegründet und ist geblieben. »Meine Mutter hat uns früher regelmäßig besucht und sich in Afrika immer sehr wohlgefühlt«, sagt Silvia. »Deshalb war es für uns selbstverständlich, unsere Omi nach Afrika zu holen, als sie zu alt geworden ist für ein selbstständiges Leben in ihrem Haus in Deutschland.« Doch mit fortschreitender Altersdemenz wird es für die deutsch-afrikanische Familie trotz ihres großen Engagements immer schwieriger, sich intensiv um »Omi« zu kümmern. »Wir sind beruflich alle stark eingespannt – ich als Direktorin in der Schule, mein Mann als Chefarzt einer Augenklinik, und unsere afrikanische Hilfe spricht nur Englisch und Suaheli.« Deshalb entschied sich die Familie für eine Granny Aupair als Gesellschafterin für Silvias Mutter.

Regine kommt wie die alte Dame aus Baden-Württemberg, spricht den schwäbischen Dialekt und versteht Omi, wenn sie »schwätzt«. Doch die 64-jährige Granny hatte bei der Auswahl mehr als einen »sprachlichen Heimvorteil«. Ausschlaggebend war letztendlich, dass Regine jahrelang als Krankenschwester und leitende OP-Schwester gearbeitet hat. Obendrein hat die Omi ganz spontan auf ihr Foto im Internet gezeigt und mit einem energischen »Ha freile« – ja, selbstverständlich – auf die Frage geantwortet, ob sie sich Regine als Gesellschafterin vorstellen könnte.

Regine ist im Vorruhestand, hat keine Kinder und lebt seit dem plötzlichen Tod ihres Lebensgefährten allein. »Ich habe ein glückliches und ausgefülltes Singleleben, einen wunderbaren Freundeskreis und viele Hobbys«, sagt die unternehmungslustige Frau. »Aber Afrika war schon als junges Mädchen neben Neuseeland mein Traumkontinent.« Als sie das Angebot der Familie in Tansania entdeckte, die sich für ihre Omi eine Gesellschaftsdame wünschte, war sie gleich begeistert. »Die Granny sollte mit der alten Dame spazieren gehen, kleine Ausflüge unternehmen und vor allem Deutsch sprechen. Mich hat die Aufgabe sofort angesprochen und gereizt«, sagt Regine. Sie hat sich das Foto der alten Dame lange angeschaut, dann ein wenig im Internet über Daressalam und Tansania recherchiert und schließlich ihre Freundin zu Rate gezogen. »Mach das bloß, Regine«, hat die ihr geantwortet. »Das wird ein einmaliges Erlebnis, das du nie vergessen wirst!« Die Freundin sollte recht behalten.

Per E-Mail sind sich beide Seiten sehr schnell einig geworden. »Von einem Tropenmediziner habe ich mir die notwendigen Impfungen geben lassen, den Flug buchte mir die Familie und bezahlte ihn auch. Schon sechs Wochen später bin ich in der heißesten Jahreszeit, die dort zwischen November und April ist, in Ostafrika gelandet«, erzählt Regine. In Tansania wohnte sie für sich allein in einer kleinen, gut ausgestatteten Hütte direkt neben dem repräsentativen Haupthaus der Gastfamilie in einem prachtvollen Garten mit Hibiskus- und Oleandersträuchern und Bougainvilleabüschen. Aus der Ferne hörte sie das Rauschen der Wellen des Indischen Ozeans. »Ich wurde wirklich aufs Herzlichste empfangen und aufgenommen und fühlte mich schon nach wenigen Tagen als Teil der Familie«, sagt sie. Die alte Dame und die Granny waren schnell ein Herz und eine Seele. »Kennst du das Land, wo jeder lacht – wo man aus Weizen Spätzle macht?« Das Schwabenlied singend begrüßte die 90-Jährige fröhlich ihre Gesellschafterin. »Oh Schwabenland, gelobtes Land, wie wunderbar bist du!« Dann ging es mit der »schwäb'schen Eisebahne« über »Schtuagert, Ulm und Biberach trulla, trulla, trullala« weiter durch altvertrautes Liedgut. »I sing des Ständle auf unser Ländle!« Die alte Schwäbin blühte in der Gegenwart der Granny richtig auf. Sie erzählte Regine von ihrer Jugend und der schweren Arbeit auf dem Land, berichtete von den Härten des Krieges und dem schmerzlichen Verlust des Bruders, der in Russland gefallen war. »An manchen Tagen haben wir beide nur still und nachdenklich im Garten gesessen«, erzählt Regine. Der alten Dame war durchaus bewusst, dass sie ihr Haus in der alten Heimat nicht wiedersehen wird. Immer wieder blätterten beide gemeinsam durch Fotoalben. »Hier, das ist mein Häuschen, dort habe ich über 40 Jahre lang gelebt. Jetzt ist Afrika mein Zuhause.« Regine wusste, wie sie die gläubige alte Dame aus der traurigen Stimmung holen konnte. »Erst haben wir gemeinsam das Vaterunser gebetet und dann haben wir gepuzzelt.«

Dabei achtete die Granny nicht nur auf das Seelenheil der alten Dame. »Sie leidet unter Arthrose in den Gelenken und muss abends nach dem Duschen sorgsam mit Salbe eingecremt werden«, berichtet Regine. Auch darum hat sie sich gekümmert. »Ich bin durch meine Arbeit als Krankenschwester an die körperliche Pflege Schwerstkranker gewöhnt – da macht es mir nichts aus, eine alte Dame zu waschen und anschließend mit Franzbranntwein einzureiben.« Aus ihrem früheren Klinikalltag kennt die Granny allerlei pflegerische Annehmlichkeiten und Hilfsmittel für Hochbetagte, die ihnen das Leben erleichtern. Sie hat sofort im Internet einen speziellen Toilettensitz bestellt, damit die alte Dame das WC leichter benutzen konnte. Im Bad wurden Einstiegshilfen für die Dusche angebracht und ein Duschstuhl mit Armstützen eingebaut. Ein flexibler Drehsitz entlastet den Rücken der Dame beim Einsteigen ins Auto und der neue Gehstock mit einem anatomischen Handgriff hilft ihr beim Spazierengehen. »Es sind oft Kleinigkeiten, die sehr alten Menschen das Leben angenehmer machen.« Die Zufriedenheit der alten Dame hat auch Regine glücklich gemacht.

Wenn die Familie am Wochenende selbst genügend Zeit für ihre Omi hatte, ist Regine unterwegs gewesen und hat die Umgebung von Daressalam erkundet. »Ich bin am Askari-Monument im Herzen der Stadt gestartet und dann gemächlich durch die Straßen geschlendert«, sagt sie und schwärmt vom »Hafen des Friedens« – das ist die Übersetzung des Wortes Daressalam, der afrikanischen Metropole, die mit über drei Millionen Einwohnern die größte Stadt Tansanias ist. Die alte Dame empfahl die Kaiserstraße mit ihren historischen Gebäuden und den Überresten aus der deutschen Kolonialzeit. Der alte Bahnhof erinnert ein bisschen an einen bayerischen Provinzbahnhof – der deutsche Einfluss ist gegenwärtig. Vor allem ist die Stadt jedoch wegen ihres Tiefseehafens bekannt. Er ist einer der geschäftigsten Häfen Ostafrikas. »Hier herrscht ein dynamisches Wirrwarr, in dem ich mich einfach treiben ließ«, beschreibt Regine. »Ich habe die vielen kleinen Gassen und Seitenstraßen mit ihren Bazaren und Spezialitätenläden in Ruhe erkundet, es gibt überall so viel zu sehen und zu probieren.« Zum Beispiel geräucherten Oktopus, den sie beim Straßenhändler gekauft und direkt aus der Papiertüte gegessen hat. »Köstlich!« Wenn sie von der Familie zum Essen eingeladen wurde, ging es vornehmer zu. »In einem Spezialitätenrestaurant für Fischgerichte gab es den mit scharfen Gewürzen traditionell zubereiteten Seebarsch und als Dessert winzige, zuckersüße überbackene Bananen auf Kokoseis.« Die Granny hat auch immer wieder Armeleutegerichte wie Maniok und Ziegenfleisch am Straßenrand gegessen. »Dann habe ich mir für meinen Snack eine Bank ausgesucht, auf einer der Alleen mit glutroten Flammenbäumen, und die Menschen um mich herum beobachtet.« Regine hat regelmäßig im Indischen Ozean gebadet. »Das Wasser ist so warm wie zu Hause in meiner Badewanne und die Sandstrände sind genauso schön, wie man es sich im kalten Deutschland immer erträumt.«

»Du musst die Schönheiten Tansanias sehen«, hat die alte Dame oft gesagt und ihre neue Freundin auf die Reise geschickt. »Ich komme für eine kleine Weile schon ohne dich klar.« Und so hat die Granny aus Baden-Württemberg – mit Tipps und Ratschlägen der Familie versorgt – Ausflüge und Touren gebucht. »Die Gewürzinsel Sansibar wird mir unvergessen bleiben«, erinnert sie sich. Vom Strand aus konnte sie die Dhaus in der Morgendämmerung vorbeigleiten sehen. Die seit ewigen Zeiten als Lastschiffe verkehrenden arabischen Segelschiffe zogen in Zeitlupe über die azurblaue See. Über der Insel lag der Duft von Nelken und Frangipani. Das Tropenparadies ist nur knapp 40 Kilometer vom Festland entfernt. Auf der langgestreckten Gewürzinsel haben Abenteurer, Kolonialisten, Sklaven- und Gewürzhändler ihre Spuren hinterlassen. Regine ist in Daressalam in ein kleines Flugzeug gestiegen und war kurze Zeit später dort. »Stone Town ist das Herz der Insel. Die historische Stadt mit ihren sich schlängelnden Gassen, in denen man sich so leicht verlaufen kann, hat mir besonders gut gefallen«, sagt sie. Immer wieder hat Regine die schweren Holztüren mit ihren filigranen Schnitzereien fotografiert, für die Sansibar berühmt ist. »Diese Türen sind mit Metallbeschlägen dekoriert, im Türrahmen ist häufig eine Lotusblüte als Motiv eingeschnitzt. In der Nähe der St. Joseph's Cathedral kann man die schönsten Türen bewundern und fotografieren.«

Auch ihre Reise Richtung Serengeti durch das Hochland des Ngorongoro hat bleibende Spuren hinterlassen. Seit Bernhard Grzimeks berühmtem Film ›Die Serengeti darf nicht sterben‹ ist das Wildreservat sicher das bekannteste der Erde. »Die Steppen- und Graslandschaft hat mich mit ihrer Schönheit ganz sprachlos gemacht«, sagt sie. Es sei ihr unmöglich, die Einzigartigkeit ihrer Erlebnisse in Worte zu fassen. »Es gibt so viele Attraktionen – Vulkane und steil aufragende Berge, Wanderdünen und immer wieder diese wunderbaren Wildtiere.« Ihre Gastfamilie hatte für Regine eine Tour von Arusha aus über die Hauptstraße Richtung Ngorongoro-Krater gebucht. »Diese Eindrücke werden immer bei mir bleiben«, schwärmt sie. Um den Menschen in Afrika näherzukommen, hat die Granny sogar ein paar Worte in der Landessprache Suaheli gelernt. »Habari gani« bedeutet »Was gibt es Neues?« und »Jambo« heißt »Guten Tag, wie geht's?«. Die Antwort auf diese Frage hieß für Regine die ganze Zeit über »Nzuri, asante sana« – »Gut, danke sehr!«

Die Widersprüche zwischen Arm und Reich haben die Granny berührt. »Ich bin in eine total andere Welt eingetaucht – in Tansania leben freundliche, offene und trotz ihrer Armut stolze Menschen. Es wird viel gelacht, selbst dann, wenn es den Menschen aus unserer Sicht nicht so gut geht.« Wildfremde Menschen seien ihr herzlich, liebevoll und achtsam begegnet. Die hohe Sterblichkeit durch Malaria und Aids hat sie besonders erschüttert: von 1000 Kindern erleben über 200 nicht einmal ihr fünftes Lebensjahr. Als Krankenschwester hatte sie einen Blick für die Gesundheitssituation im Land. »Schon von den Schulkindern sind viele Träger des Malariaparasiten. Sie leiden unter chronischer Blutarmut und sind durch ihr geschwächtes Immunsystem auch anfällig für andere Erkrankungen.« Gerade die afrikanischen Kinder haben es Regine angetan: »Sie sind so bescheiden, freuen sich über Kleinigkeiten wie Stifte und Schreibpapier und können sich stundenlang damit beschäftigen.« Die Granny hat Jungs beobachtet, die sich aus Plastikmüll einen Fußball geformt haben und damit herumkickten. »Da ich selbst in meinem Leben keine Kinder haben konnte, berühren mich die Schicksale der Kleinen besonders«, sagt sie. »Das Leben in Afrika hat mir einmal mehr gezeigt, wie dankbar und zufrieden wir in Deutschland mit unseren Lebensbedingungen sein können. Wir jammern schon auf sehr hohem Niveau«, kritisiert sie die Unzufriedenheit vieler Mitmenschen. Dieses Klagen wegen Kleinigkeiten habe sie nach ihrem Aufenthalt in Tansania völlig eingestellt. »Uns geht es in Deutschland so gut, leider wissen das nur die wenigsten Menschen zu schätzen. Ich habe mir vorgenommen, nie wieder zu stöhnen – schon gar nicht über das Wetter, denn wenn das Thermometer jeden Tag auf 40 Grad klettert, sehnt man sich nach Kälte und Regen.«

Als Granny Aupair hat sie viel Neues erlebt. »Ich bin schon immer gern gereist, aber jetzt bin ich geradezu reisesüchtig geworden. Ich möchte noch so viel sehen«, sagt sie. Mit all den Afrika-Eindrücken im Gepäck ist sie zufrieden heimgekehrt. In ihrem Heimatort in Baden-Württemberg hat Regine heute eine Art Promistatus. Beim Einkaufen wird sie von wildfremden Menschen angesprochen: »Sind Sie nicht die Frau, die in Afrika war?« Mehrere Zeitungen haben Artikel über ihre Erlebnisse in Tansania veröffentlicht, Regine hat Rundfunkinterviews gegeben und sogar das Regionalfernsehen hat über sie berichtet. »Im Ort kennt mich jetzt jeder«, sagt sie und verrät: »Ich bin schon auch ein bisschen stolz auf mich.« Ihr Umfeld hat durch und durch positiv auf ihr Engagement reagiert, im Freundeskreis wurde ihr Mut gelobt. »Ich glaube, ich bin sogar ein bisschen beneidet worden«, vermutet sie. Die Trennung von »ihrer afrikanischen Familie« ist Regine sehr schwergefallen. Bei der alten Dame sind viele Tränen geflossen. »Wann kommst du wieder?« Die Frage der Gastfamilie steht bis heute im Raum. »Der Tag kommt ganz bestimmt!« Da ist sich Regine sicher. Deshalb heißt es für sie: »Kwaheri, Afrika – Auf (ein) Wiedersehen!«

GRANNYS IN SOZIALEN PROJEKTEN

Granny Aupairs arbeiten auch ehrenamtlich in sozialen Einrichtungen wie Waisenhäusern und Schulen, Krankenstationen und Frauenprojekten in Indien, Südamerika, der Karibik und Afrika. In der Nähe von Jodhpur im indischen Rajasthan sind die Grannys beispielsweise als freiwillige Helferinnen im Einsatz. Sie unterrichten erwachsene Frauen in Englisch und Mathematik, geben ganz praktische Hygienetipps für den Haushalt und demonstrieren Reinlichkeit beim Umgang mit Nahrungsmitteln. »Unsere Frauen kommen aus benachteiligten Gemeinden, sind häufig Analphabetinnen und haben aufgrund ihrer Zugehörigkeit zu einer niederen Kaste ein geringes Selbstwertgefühl«, sagt ein Mitarbeiter aus dem Projekt in Rajasthan. Die Grannys versuchen durch ihr Engagement das Selbstbewusstsein der indischen Frauen zu stärken. Dabei bedeuten scheinbare Nebensächlichkeiten wie das Erlernen von Handarbeitstechniken wie Sticken, Stricken oder Häkeln und die Benutzung einer Nähmaschine für die Frauen einen Schritt in die Unabhängigkeit von ihren Männern. Es geht auch um ernste Themen wie Aids-Aufklärung, Frauenrechte und berufliche Selbstständigkeit. Die Grannys sind in einem Gästehaus einfach, sauber und für indische Verhältnisse gut untergebracht. Wer als freiwillige Helferin in ein soziales Projekt geht, muss allerdings die geringen Kosten für die Unterkunft und Verpflegung in den meisten Fällen selbst tragen.

Viele Grannys melden sich bewusst für ein soziales Projekt an, andere kommen erst auf Umwegen zu diesem Angebot. So wie Christel aus Ostfriesland. Die 69-Jährige war zunächst bei einer deutsch-indischen Familie der Oberschicht von Kalkutta als Aupair. Anschließend ist sie in ein soziales Projekt gewechselt. »Ich konnte den krassen Unterschied und das hierarchische Gefälle nicht länger ertragen«, sagt sie und erzählt ihre Geschichte.

CHRISTEL (69): DIE STRASSENKINDER IN INDIEN HABEN MEINEM LEBEN WIEDER EINEN SINN GEGEBEN

Schon als junges Mädchen hat Christel aus Ostfriesland von Abenteuern in fremden Ländern geträumt. Sie sparte all ihr Taschengeld, um im Kino ›Die Schatzinsel‹ und ›Die Piratenbraut‹ zu sehen. In der Schule stand das Mädchen im Abseits. Sie wurde wegen ihrer Schüchternheit verlacht und gehänselt. Nicht ohne Neid beobachtete sie, wie leicht und locker die anderen Mädchen durchs Leben gingen. Verunsichert sah sie, wie ihre Mitschülerinnen Hot Pants und den kürzesten Mini trugen und mit 14 Jahren die erste Liebe erlebten. Christel selbst fühlte sich wegen ihres Aussehens zurückgesetzt und ohne Wert. »Ich war immer dick, hatte eine Knollennase und in der Pubertät überall Akne im Gesicht. An einen Freund war nicht zu denken«, erinnert sie sich. Vorsichtig, ängstlich und bescheiden verlebte sie eher unauffällig ihre Jugend, machte eine Ausbildung bei der örtlichen Bank und wollte nur eins: »Mein Leben irgendwie meistern.«

»Sei sittsam und bescheiden«, das hatte die Großmutter gepredigt. Noch heute erinnert sich Christel an Omas abgetragene Kittelschürze und die zu einem Knoten hochgesteckten grauen Haare. Die Hände der Frau waren schwielig vom vielen Arbeiten im Garten und auf dem Feld. Wie ihre Großmutter, die Christel immer schon »uralt« vorkam, wollte sie selbst nie werden. Heute ist Christel mit 69 Jahren fünf Jahre älter, als die Großmutter jemals wurde. Die arbeitsame Frau sah bereits mit Anfang 60 aus wie eine Greisin.

Der eigene Alltag als erwachsene Frau in dem Dorf in Ostfriesland wich später nur wenig von dem ihrer Großmutter ab. Sie hat früh geheiratet und zwei Kinder bekommen. »Mein Mann hat als Fischer gearbeitet und Mitte der 1980er Jahre seine Arbeit auf einem Kutter verloren.« Den Lebensunterhalt für die Familie hat Christel dann als Bankangestellte verdient. Sie war daran gewöhnt, Verantwortung für andere zu tragen, und fühlt sich auch heute schnell in die Pflicht genommen. »Ich helfe gern«, sagt die sparsame Frau. Der Pullover, den sie trägt, ist nicht mehr ganz neu. Die Hose ist verwaschen und die robuste Steppjacke wurde schon vor Jahren nach praktischen Erwägungen ausgewählt. Das Material ist wetterfest, warm und vor allem war die Jacke recht günstig. Christel achtet nach wie vor auf Sonderangebote, fährt mit dem Rad zum Supermarkt und kauft auf Vorrat, wenn sie Schnäppchen machen kann. Sie ist eher ernst als heiter, eher pessimistisch und wirkt auf andere immer ein wenig traurig. Das ist ihr Charakter. Aber sie selbst sieht sich völlig anders, seit sie als Granny Aupair in Indien gewesen ist. »Früher habe ich stets mit dem Schlimmsten gerechnet. Heute weiß ich: Was immer in Deutschland passiert, ist nicht mit dem zu vergleichen, was ich in den Straßen von Kalkutta gesehen habe.«

Ihr Einsatz als Granny Aupair hat ihr Leben auf den Kopf gestellt. Christel ist eine der ersten Frauen, die mit Hilfe der Agentur in die Welt gereist sind. »Ich war von Anfang an fest entschlossen, trotz familiärer Widerstände die Reise meines Lebens anzutreten«, erzählt sie. Ihr Abenteuer fing in Ostfriesland an. »Mein Mann hatte sich von mir getrennt und ist innerhalb eines Monats aus unserem Häuschen ausgezogen – da habe ich beschlossen: So, jetzt mache ich endlich was für mich.« Ohne ihren erwachsenen Kindern von ihren Plänen zu erzählen, meldete sie sich für einen fünfmonatigen Einsatz in Indien an. Christel sollte bei einer deutschen Unternehmerin als »Nanny« arbeiten und ein fünfjähriges Mädchen betreuen und mit ihr deutsch sprechen. Es wurde eine Reise der Extreme, die sie am Ende in ein soziales Projekt und damit auf die Straßen von Kalkutta führte. Sie blieb insgesamt zwei Mal sechs Monate in Indien. »Ich habe in dieser Zeit mehr erlebt als in meinem ganzen vorherigen Leben!« Christel bezeichnet ihre Reise als »Aufbruch« im doppelten Wortsinn: »Ich bin aufgebrochen, indem ich mich auf den Weg gemacht habe, aber ich bin auch innerlich aufgebrochen – alte Verkrustungen haben sich gelöst.« Sie sagt, sie habe zum ersten Mal in ihrem Leben etwas gewagt.

Am Anfang sei sie »richtig erschrocken« über ihren Mut und ihre Entscheidungsfreude. »Auf einmal war mein neues Leben konkret geworden und die alte Angst vor der eigenen Courage kehrte zurück.« Doch sie war wild entschlossen und packte die Koffer. Nachts um eins landete das Flugzeug aus Frankfurt dann nach einer Zwischenlandung in New Delhi in Kalkutta. Die faszinierende Fremde, die sprachlichen Herausforderungen bei der Einreise und das hektische Treiben, das schon am Flughafen auf sie einprasselte, nahmen sie schnell gefangen. Das war also Indien?! Sie war angekommen. Die weitläufigen Hallen des modernen Flughafens waren klimatisiert, die Auslagen in den Duty-free-Shops und Edelboutiquen luxuriös, die Menschen bunt gemischt. Innen herrschte der geschäftsmäßige Stress eines internationalen Flughafens – draußen vor der Tür war das Leben dann plötzlich ganz anders: Es war heiß, laut und stickig. Aber auch farbenprächtig, fröhlich und beeindruckend. Das Leben in Indien schien Christel sofort zu verschlucken.

Sie wurde vom Flughafen abgeholt, aber nicht von der Gastmutter, die sie von Fotos her kannte und erwartet hatte. Ein fremdartig aussehender Herr mit Turban und Vollbart hielt ein handgeschriebenes Schild hoch, auf dem ihr Name stand. Es war Mr. Singh, der Fahrer der deutschen Unternehmerin. Und plötzlich war aus der bescheidenen Ostfriesin eine »Madam«, eine »gnädige Frau«, geworden. Mr. Singh begrüßte sie höflich, öffnete ihr die Wagentür der großen Limousine und half ihr beim Einsteigen. Ehe Christel sich's versah, waren auch ihre Koffer mit einem freundlichen Lächeln im Heck verstaut. So viel Aufmerksamkeit, so viel Aufsehen um ihre Person hatte die Frau aus Ostfriesland in ihrem bisherigen Leben noch nicht erlebt.

Christel lernte in ihrer Zeit als Granny Aupair Indien von »ganz oben« und anschließend von »ganz unten« kennen. Und sie schlägt für sich Brücken zwischen diesen Welten. Die Gastgeberin in Kalkutta war eine Deutsche, die einen wohlhabenden indischen Textilfabrikanten geheiratet hatte. Man hatte Personal im Haus, bewegte sich zwischen Dinnerpartys und Theateraufführungen, Ausstellungen und Museumsbesuchen auf einem Parkett, das für die einfache Frau aus Ostfriesland ungewohntes Terrain war. Eine schillernde, aber auch sehr fremde und gleichzeitig aufregende Welt. Sie musste keine »niederen« Hausarbeiten leisten, nicht kochen und nicht waschen, keine Fußböden schrubben und Fenster putzen. Für alle diese Tätigkeiten gab es Personal. Christel sollte ausschließlich auf das kleine Mädchen Sofie aufpassen, das ihre deutsche Mutter über alle Maßen verwöhnte. Christel freute sich über die spontane Zuneigung des Kindes. Doch ihr Verhältnis zu der »Prinzessin« des Hauses blieb nicht unbelastet. Wenn Christel den Alltag dieses Mädchens mit der Lebenssituation der Straßenkinder in den Häuserschluchten Kalkuttas verglich, wurde ihr Herz schwer. Während Sofie Geige spielen lernte, sich im Kinder-Benimmkurs des Oriental Hotels beim Knacken von Krebsen den Daumen quetschte und schon im Golfclub für Kids eingeschrieben war, verkauften die Straßenkinder im dichten Verkehr Kalkuttas Streichhölzer, Kaugummi oder boten Tageszeitungen an, wenn die Ampel auf Rot sprang. Dabei atmeten sie die Abgase ein, wurden von Rasern bedroht oder einfach ignoriert. Der Überlebenskampf der Kinder ließ Christels eigene Kindheit in einem tristen Dorf in Ostfriesland glücklich erscheinen.

Kalkutta ist eine atemberaubende Stadt, die mit enormer Geschwindigkeit wächst. Die Überreste der kolonialen Vergangenheit prallen an allen Ecken mit dem modernen Indien zusammen. Zwischen den halbverfallenen Tempeln und Zitadellen und den unzähligen historischen Monumenten finden sich moderne Hochhäuser und Bürogebäude, die auch in Frankfurt und New York stehen könnten. Die riesige Stadt mit Einkaufsarkaden und glitzernden Fassaden gehört zu den indischen Zentren der Textilindustrie. Die aufstrebende Schicht der Neureichen fährt mit Luxuslimousinen durch die Straßen. »Sie genießen rücksichtslos Reichtum und Macht und demonstrieren gegenüber den Armen überheblich Verachtung und Missfallen«, meint Christel.

Das hierarchische Kastensystem in Indien störte Christel. Der schöne Schein der Welt, in der die Gastfamilie lebte, machte Christel nicht blind für die Armut und das Elend auf den Straßen Kalkuttas. Da wollte sie helfen, das Schicksal der Straßenkinder erschütterte sie immer wieder. All die Probleme, die sie hier an jeder Ecke sah, ließen ihre eigenen Sorgen schrumpfen. Mr. Singh kannte die Straßenkinder der unmittelbaren Umgebung und hielt jeden Morgen an der Ecke, an der die kleine dreijährige Madhulika zusammen mit ihrer älteren Schwester stand und bettelte, die Limousine an, um den Kindern einen Teil seines Frühstücks zu geben. Die Mädchen waren irgendwann verlassen vor dem Bahnhof aufgetaucht. Über die Eltern war nichts bekannt. Vielleicht waren sie zu arm, um sich um ihre Kinder zu kümmern. Oder der stets traurige Kishore. Als er fünf Jahre alt war, starb sein Vater an einem schweren Lungenleiden. Mohsin war unterernährt und krank. Die Kinder redeten nur wenig. Stattdessen sangen sie oft ihre melodischen, melancholischen Lieder, die Christel so berührten. Doch Madhulika sang nicht wirklich. Sie ahmte die Geräusche der stark befahrenen Straße nach, auf der sie lebte. Sie brummte und quietschte, imitierte die Motoren der Autos und klammerte sich an den Torso ihrer Puppe, die längst keine Beine mehr hatte. Wenn Madhulika anfing zu »singen«, nahm Christel sie tröstend in den Arm und wiegte sie wie ein Baby, bis das kleine Mädchen eingeschlafen war.

Die meisten Straßenkinder sind nur Haut und Knochen. In den Slums von Kalkutta betteln schon die Kleinsten – sie strecken ihre Händchen aus, bevor sie richtig laufen können. Die Älteren suchen in fauligen Essensresten nach verwertbarer Nahrung. Auch schimmelige und verdorbene Abfälle werden gegessen. Auf den Müllkippen am Stadtrand sammeln die Kinder Glas, Metall und allerlei feste Stoffe, um sie noch irgendwie zu verwerten oder sie für ein paar Rupien zu verkaufen. Mit Eisenhaken durchwühlen die Kinder den Müll.

Unerträglicher Gestank, ätzende Chemikalien, aber auch Kakerlaken und Ratten gehören zu dem Umfeld, in dem sie groß werden. Die Folgen dieser Lebensbedingungen sind Atemwegserkrankungen, Hautausschläge und Diarrhöe, Zahnfäule und Infektionen. Medizinische Versorgung und Betreuung sind unbezahlbar. Dabei gehören diese Leiden noch zu den eher harmlosen Erkrankungen der Straßenkinder. Gefährlich und oft tödlich sind Malaria und Dengue-Fieber, an dem auch Christel litt.

Trotz aller Widrigkeiten und dem Unverständnis der Gastfamilie – Christel engagierte sich! Sie kaufte Nahrung für die Straßenkinder, ging ins Waisenhaus, besorgte Decken für die Ärmsten der Armen, damit sie in den Nächten nicht auf dem Asphalt liegen mussten. Sie schleppte Windeln ins Waisenhaus, kaufte Babynahrung und sogar Bodenbeläge für Kinderzimmer. Umso deutlicher wurde für sie immer wieder die Diskrepanz zwischen den Straßenkindern und Sofie, der »kleinen Prinzessin« der Textilunternehmer. Wenn Christel nach ihren Ausflügen ins indische Elend vorbei am Doorman und den Security-Leuten in die 180 Quadratmeter große Penthousewohnung der Gastfamilie zurückkehrte, kam ihr der krasse Gegensatz umso ungerechter vor. Sofie wurde von der Mutter ganz bewusst von allem ferngehalten, was sich dort draußen auf den Straßen abspielte. Die schicke Wohnung, die schalldichten Fenster, die durch Aircondition stets angenehme Temperatur in den Räumen und das Kinderzimmer mit all den vielen Stofftieren, den Wimmelbüchern und Barbiepüppchen wirkten auf Christel wie ein künstliches Stück Deutschland. Sie kam mit dem Kontrast nicht klar und verließ die Gastfamilie vorzeitig.

Wieder zurück in Ostfriesland, ging sie zur Bank und investierte das Geld ihrer privaten Lebensversicherung, rund 3000 Euro, in ein privates Hilfsprojekt für die Obdachlosen in den Straßenschluchten von Kalkutta. Auch ihr Einsatz als Granny Aupair sollte weitergehen, aber diesmal wollte sie unbedingt in ein soziales Projekt.

Die Menschen in Indien sind ihr ans Herz gewachsen. Sie haben

Christel Liebe und Anerkennung geschenkt, ihr gezeigt, dass Lebensfreude auch in Armut existiert und Menschlichkeit überall gedeihen kann – selbst in den Straßenschluchten der indischen Mega-Metropolen. »Auf einmal war der Knoten bei mir geplatzt«, sagt Christel pathetisch. »In Indien habe ich gespürt, dass ich lebe!« Sie hat in einem Tempel den glückbringenden Rüssel des Elefantengottes Ganesha berührt, viele farbenfrohe Saris anprobiert, Tikka Masala und Lamm-Curry gegessen, ist mit der Motorrikscha durch den Großstadtverkehr gefahren und hat sogar eine kleine Hennaverzierung – das klassische Mehndi – in ihre Handflächen malen lassen. So lange, bis die Farben in Deutschland verblasst sind, hat sie sich daran erfreut. Und um sich mit den Straßenkindern zu verständigen, hat sie sogar ein paar Worte Hindi gelernt.

Christel will noch viel sehen und erleben. »Nach Australien später mal vielleicht? Oder nach Afrika!« Mit Granny Aupair traut sie sich. »Mir geht es so gut wie nie zuvor«, sagt sie. »Die Welt steht mir ja auch in meinem Alter noch offen. Ich habe eine vorher nie gekannte Energie.« Dann ergänzt Christel selbstbewusst: »Ich fühle mich freier als vorher, weil ich das Abenteuer Indien überstanden habe – was kann jetzt noch passieren?« Der Flug nach Jaipur in Rajasthan ist gebucht – es geht diesmal in den Nordwesten Indiens. Dort gibt es ein Projekt, das die Gleichberechtigung benachteiligter Frauen fördern will. »Es gibt Kurse, die den praktischen Umgang mit Geld und Bankgeschäften vermitteln«, sagt die ehemalige Bankangestellte. »Für diese Aufgabe bin ich die richtige Frau!«

RIA (61): ICH HABE VON DEN KINDERN IN SAIGON MEHR BEKOMMEN, ALS ICH GEGEBEN HABE

Ria ist mit ihrem Mann und ihren drei Kindern ihr Leben lang viel gereist. Als ihr Mann dann vor vier Jahren unerwartet starb, hatte die Belgierin keine Lust mehr, die Koffer zu packen und das Haus in der Universitätsstadt Leuven in der Nähe von Brüssel zu verlassen. Die Kinder sind längst erwachsen und führen ein eigenes Leben. »Ohne meinen Mann unterwegs zu sein, konnte ich mir nicht vorstellen«, sagt die 61-Jährige. Stattdessen kniete sie sich vollends in die Arbeit. Als Krankenschwester in einer Sozialstation für Präventionsmedizin war sie Tag für Tag gefordert und konnte dabei ihren persönlichen Schmerz und ihre Trauer ein wenig vergessen. »Ich habe viel Spaß bei der Arbeit, mache Hausbesuche und helfe jungen Müttern unmittelbar nach der Geburt bei der Eingewöhnung in die neue Familiensituation.« Ria ist da, wenn frischgebackene Mamis Erholung brauchen und zu Hause nicht sofort klarkommen oder beim Stillen Probleme auftauchen. Sie informiert über gesundheitliche Vorsorge, hilft bei ganz praktischen Sorgen und Nöten und weiß über Wochenbettdepressionen, Schutzimpfungen und altersgerechte Babyernährung bestens Bescheid. »Hausbesuche und der Kontakt mit den jungen Familien haben mich von meinen Grübeleien über das Leben als Witwe abgelenkt.«

Immer wenn das Thema Urlaub im Kollegenkreis aufkam, bat Ria um Aufschub. Sie wollte einfach nicht aus ihrem gewohnten Umfeld weg, aber auch nicht allein zu Hause sitzen und warten, bis der Urlaub wieder vorbei ist. »Irgendwann hatte ich auf diese Art drei Monate Urlaub angespart und der Leiter unserer Sozialstation meinte, jetzt sei eine Auszeit unumgänglich.« Ungefähr zur gleichen Zeit las sie einen

Artikel über Granny Aupair. »Zunächst dachte ich, das ist nichts für mich«, erinnert sie sich. Ria konnte sich nicht vorstellen, als Granny in eine fremde Familie zu gehen. »Trotzdem habe ich im Internet auf der Seite gestöbert und dabei die sozialen Projekte entdeckt.« Diese Angebote lagen der Krankenschwester viel mehr als ein Familienaufenthalt, und so hat sie sich für ein Waisenhaus im vietnamesischen Saigon beworben. Es sollte ein emotionaler Aufenthalt werden, der das Leben von Ria nachhaltig geprägt hat.

Der kleine Chim atmet schwer. Sein Name bedeutet »Vogel« – wie ein kleines Vögelchen wiegt er viel zu wenig für ein zweijähriges Kind. Sein Atem rasselt, er ist sterbenskrank. Sein Schlaf ist unruhig. Oft schreckt er hoch. Dann kommt für eine kleine Weile kein Atem mehr aus seinem Mund. Die geweiteten Augen treten ein wenig hervor. Ein klagendes, monotones »Mmmhh« ist zu hören. Der kleine Junge ist geistig behindert. Chims Mutter hat ihn sofort nach der Geburt ins Waisenhaus gebracht.

Cai bedeutet »Frau«. Eine erwachsene Frau wird Cai nicht werden. Sie hat das, was man gemeinhin als Wasserkopf bezeichnet. Die Krankheit heißt Hydrocephalus und ist eine angeborene Erweiterung des Gehirns. Als Säugling war ihr Kopf aufgetrieben wie ein Ballon. Sie hat sich schwallartig erbrochen und viel geweint. Cai wurde zunächst von ihrer Mutter versteckt. Sie hat sich geschämt, dass sie eine »Missgeburt« zur Welt gebracht hat. »In Europa kann man einen Hydrocephalus behandeln«, erklärt Ria. Man legt eine Drainage, um Gehirnflüssigkeit abzuleiten. Je früher eine Behandlung eingeleitet wird, umso geringer ist das Risiko für schwere Gehirnschäden. »In Vietnam finden notwendige Behandlungen, wie wir sie in Europa durchführen, nicht statt.«

Die kleine Gan hat eine Spina bifida – einen sogenannten offenen Rücken. Die Fehlbildung ist angeboren. »Diese Kinder sind schwer behindert. Sie können ihren Darm und die Blase oft nicht kontrollieren, sind querschnittsgelähmt und von schweren Infektionen bedroht«, sagt Ria. Eine Spina bifida muss in den ersten Tagen nach der Geburt operativ geschlossen werden. »Das geschieht hier nicht.«

»Als Krankenschwester ist der Anblick von Schwerstkranken für mich nichts Ungewöhnliches. Aber die schweren physischen und psychischen Behinderungen der Kinder, die noch heute – fast 40 Jahre nach dem Ende des Vietnamkrieges – so viel Leid bringen, haben mich erschüttert.« Was Ria aus dem Kinderheim in Saigon beschreibt, sind die Folgen des hochgiftigen Herbizids »Agent Orange«, eines Entlaubungsmittels. Amerikanische Soldaten haben das Gift aus ihren Flugzeugen über den Feldern und Dörfern versprüht, um die Feinde am Boden im Dschungel zu enttarnen und besser bekämpfen zu können. Diese Giftwolke brachte den Tod – und fordert bis zum heutigen Tag Opfer in der Bevölkerung. Geistig und körperlich schwerbehinderte Kinder werden Tag für Tag in Vietnam geboren. Die genetischen Schäden der Großelterngeneration werden bis heute weitervererbt und verursachen diese Deformationen und geistigen Behinderungen. Schätzungen sprechen von bis zu 100 000 Opfern pro Jahr in der dritten Generation nach dem Krieg. Die direkten Überlebenden des Vietnamkrieges – die Generation der Granny Aupairs – leiden unter Krebs, Herz- und Nervenschäden und verbringen ein Leben des Siechtums.

Ein großer Teil des Entlaubungsmittels war mit Dioxin verseucht. Nach heutigem Wissen sind etwa sieben Millionen Liter »Agent Orange« versprüht worden. Heute weiß man, dass acht Millionen Tonnen Bomben über Vietnam abgeworfen wurden, fünf Millionen Tote waren zu beklagen. Viele Millionen überlebende Vietnamesen kamen in direkten Kontakt mit dem Gift. Die Folge sind schwerstbehinderte Babys, die wie Chim, Cai und Gan heute geboren werden. »Es sind Kinder ohne Arme und Beine, mit Wasserköpfen und offenen Rücken«, berichtet Ria.

Neben den schweren Missbildungen, den physischen und geistigen Einschränkungen, leiden die Kinder an den Folgen von Fehlernährung und unter einem Mangel an Medikamenten. Zudem fehlt es in dem

Waisenhaus an Zeit und Liebe. »Das Personal ist gehetzt und hat keine Zeit, sich geduldig jedem einzelnen Kind zu widmen«, bedauert Ria. Wenn die Kleinen die Nahrung nicht schnell genug aufnehmen können, werden sie hungrig zurück in ihre Bettchen gelegt. »Kein liebes Wort, keine zärtliche Berührung, kein Trost – die Versorgung der Waisenkinder geht kaum über das Allernötigste hinaus.« Ria will kein Urteil über das Personal fällen. Eine gewisse Herzlosigkeit führt sie auf die harten Lebensumstände der Menschen zurück. »Die meisten Helfer sind selbst als Waisen aufgewachsen und hatten eine schwere Kindheit.«

Gemeinsam mit anderen Freiwilligen hat die Belgierin morgens die Babys gebadet, gewickelt und gefüttert. »Wir haben den Schwachen genügend Zeit gelassen, in Ruhe ihr Fläschchen auszutrinken«, sagt sie. Die Dankbarkeit der Waisenkinder von Saigon hat sich ihr eingeprägt. »Die Blicke und das Lächeln der kleinen Kinder, wenn ich ihnen leise Lieder vorgesungen habe, werde ich nie vergessen.« Sie sagt, die größte Freude sei für sie gewesen, die Babys zu bemuttern. Die meisten Säuglinge werden gleich nach der Geburt dem Waisenhaus übergeben. Allein in der Zeit, in der Ria dort mitgeholfen hat, sind zehn missgebildete Neugeborene abgegeben worden. »Die jungen Mütter in Saigon empfinden ein behindertes Kind als Schande«, berichtet sie. Außerdem fehle es an sozialer Sicherheit, an finanzieller Unterstützung und Hilfe jeder Art. »Es sind kerngesunde Frauen, die diese kranken Kinder zur Welt bringen – das ist besonders tragisch.« Das Gift »Agent Orange« kann eine Generation überspringen und taucht dann plötzlich wieder in der Familie auf. Da ein »Agent-Orange-Kind« als Makel gilt, sind die Waisenhäuser überfüllt. Auf der Sterbestation hat Ria einfach nur die kleinen Hände gehalten, Gesichter gestreichelt und körperliche Nähe geschenkt. »Wenn ich die Station betrat, haben die Kinder mich schon angestrahlt und ihre Hände ausgestreckt«, erinnert sie sich. Mit den älteren Kindern machte sie Ballspiele auf einer Krabbelmatte. »Diese Kinder sind so dankbar, lachen gern, quengeln nie und sind äußerst genügsam.« Da dem Personal nur wenig Zeit bleibt, hat sie die Kinder immer wieder gewickelt und gereinigt. »Manche mussten lange warten, bis jemand kam und sie von Kot, Urin und Erbrochenem gesäubert hat.«

Nach dem Aufstehen hat es die belgische Krankenschwester sofort ins Waisenhaus gezogen. Gleich nach dem Frühstück hat sich Ria morgens um sieben von ihrem Hotel für zwei Euro mit dem Taxi auf den Weg gemacht. »Das Hotel in Saigon war sauber und hat inklusive Frühstück nur zehn US-Dollar am Tag gekostet.« Mittags hat sie dann im Waisenhaus gegessen. »Es gab jeden Tag leckere Suppen und Reis mit Gemüse.« Auf Fleisch und Fisch hat sie während ihres Aufenthaltes in Vietnam verzichtet. »Ich habe drei Monate vegetarisch gelebt.« Die hygienischen Verhältnisse auf den Märkten hatten ihr den Appetit auf tierische Lebensmittel verdorben. In Hanoi habe sie sogar geschlachtete Hunde zum Verkauf an Haken hängen sehen. »Da war ich dann ganz froh, dass ich mich drei Monate lang auf Gemüse beschränkt hatte.«

Als das Ende ihres Einsatzes im Waisenhaus in Saigon gekommen war, konnte sich Ria nur schwer von den Kindern lösen. »Mein einziger Trost war, dass immer neue ehrenamtliche Helfer eintreffen und bei den Kindern sind«, sagt sie. Heute blickt sie dankbar auf die Zeit im Waisenhaus zurück. »Die Freude der Kinder über Kleinigkeiten und ihre Zufriedenheit berührten mich nachhaltig – bis heute sind diese Wesen in meinen Gedanken und Gebeten«, sagt sie. Sie habe von den Kindern mehr zurückbekommen, als sie gegeben habe. Für die dreijährige Ann hatte Ria eine besondere Zuneigung entwickelt. »Das Mädchen hat mich immer so selig angestrahlt, wenn ich sie im Arm hielt und ihr ein Lied vorgesungen habe«, erinnert sie sich. Das Schicksal der kleinen Ann hat sich zum Guten gewendet. Das gelähmte Mädchen mit dem offenen Rücken wurde von einem kanadischen Ehepaar adoptiert. »Das macht mich wirklich glücklich«, sagt die Granny. Andere Kinder sind in der Zwischenzeit gestorben. Auch der kleine

Chim. »Ich stelle mir vor, dass er ganz leicht – wie ein Vögelchen – in eine bessere Welt davongeflogen ist.«

Die letzten drei Wochen ihrer Vietnamreise hat Ria gemeinsam mit ihrer Tochter verbracht. »Sie hat mich in Saigon besucht und von dort sind wir dann einmal quer durchs Land gereist.« Sie waren am Mekong-Delta, haben die Reisfelder auf dem Land rechts und links entlang der Straßen gesehen, Stelzenhäuser fotografiert, an einsamen Sandstränden gebadet, Tempelanlagen besichtigt und sind im Lichtermeer des nächtlichen Saigon durch die Straßen gebummelt. »Aber die Bilder aus dem Waisenhaus haben mich überallhin begleitet«, sagt sie: »Die Zeit in Vietnam hat mich nachdenklicher gemacht. Manchmal schüttele ich nur mit dem Kopf, über was wir uns hier so Sorgen machen oder aufregen.« Ria denkt darüber nach, wieder in einem sozialen Projekt zu arbeiten. Doch nach Vietnam möchte sie nicht noch einmal reisen. Als den »fauligen Atem des Krieges« hat ein Reporter die Spätfolgen bezeichnet, unter denen das Land bis heute leidet. Für Ria ist das Leid der Waisenkinder von Saigon das traurige Beispiel dafür, dass man keinen Krieg je gewinnen kann.

VALERIE (67): ALS MÄDCHEN WAR ICH AUPAIR IN DEUTSCHLAND, ALS GRANNY BIN ICH NACH GAMBIA GEGANGEN

7000 Kilometer von ihrer Heimat in einem kleinen Örtchen in Schleswig-Holstein entfernt, wohnte Valerie drei Monate lang in Westafrika in einem bescheidenen Zimmerchen auf 15 Quadratmetern ohne fließendes Wasser, ohne Bad und WC und ohne Strom. Ein großes Moskitonetz über dem Bett dominierte den Schlafraum, das Essen wurde außerhalb der Hütte in einer Gemeinschaftsküche auf einem primitiven Gasofen zubereitet. Das Badezimmer ersetzte eine Campingdusche, die zwischen den kräftigen Zweigen eines Baumes hing und aus einer Art flexiblem Gartenschlauch bestand. Durch die Sonneneinstrahlung war das Duschwasser immer warm. »Trotzdem: Die Dusche war wegen des vielen Staubs am Ende eines langen Tages das Highlight schlechthin«, sagt sie und lacht. Die einfache Hütte, in der die Granny in den heißesten Monaten von Januar bis April in dem westafrikanischen Staat Gambia gelebt hat, gehört zu einer Anlage mitten im Busch, die das deutsche Ehepaar Marion und Heinz betreibt. Hier treffen sich Weltenbummler aus allen Ländern der Erde. Es sind vor allem jüngere Leute Anfang 20, die in dem Camp absteigen und für wenig Geld eine Zeit lang dort wohnen. Der Essensplan wird gemeinsam aufgestellt, die Zutaten gibt es frisch auf dem Markt oder in einem Supermarkt, der nur knapp einen Kilometer entfernt liegt. Abends wird dann miteinander gekocht und gegessen. »Es gab eigentlich jeden Tag Fisch mit Reis und einer Erdnusssoße sowie Gemüse – aber es war köstlich.« Überhaupt gefiel ihr die Zeit mit den jungen Menschen sehr. »Ich gehörte ganz einfach dazu.« Von Generationskonflikten und Altersdiskriminierung keine Rede. Abends saß man nach dem Essen oft noch bei einem kräftigen Ataya, dem stark gesüßten grünen Tee, zusammen und ließ die Erlebnisse des Tages Revue passieren oder jeder berichtete von vergangenen Reiseabenteuern. In dieser Wohngemeinschaft mitten im westafrikanischen Busch fanden sich Menschen zusammen, die das Land jenseits klimatisierter Hotelkomplexe und Pauschalreisen kennenlernen wollten.

»Die trockene Hitze hat mir nicht viel ausgemacht«, sagt Valerie. Aber bei 40 Grad im Schatten sei der heiße Wind manchmal lästig gewesen – besonders wenn sie mit dem Rad unterwegs war. »Der Wind hat immer viel Staub aufgewirbelt, der dann überall in der Hütte und auf der Haut war.« Trotz der Hitze liebte Valerie ihre Fahrradtouren auf den Landstraßen. »Wenn man sich vorwärtsbewegt wie alle anderen, kommt man intensiver mit den Menschen in Kontakt.« Jung und Alt haben ihr freundlich zugewinkt und »Hi teacher« – hallo Lehrerin! – gerufen, wenn sie durchs Dorf geradelt ist. Um zur Schule zu kommen, an der die Granny Kinder im Alter zwischen drei und acht Jahren unterrichtet hat, musste sie allerdings ein Auto nehmen. »Das war vielleicht eine alte Klapperkiste«, sagt sie und schildert humorvoll Reifenwechsel und Motorschäden, die sie in den drei Monaten erlebt hat. »Dann habe ich einfach meinen afrikanischen Mechaniker Seidou übers Handy angerufen und mich telefonisch beraten lassen.« Mindestens 40 Minuten brauchte sie für die wenigen Kilometer zur Schule auf den engen, überfüllten Landstraßen. »Jede Fahrt war ein Abenteuer.«

Wenn sie dann in der Schule ankam, warteten bereits 48 Kinder geduldig auf sie. »Sie freuten sich auf den Unterricht, der von 9 bis 13 Uhr dauerte.« Die Kinder passten im Unterricht gut auf, waren interessiert und fleißig und hatten großen Respekt vor den Lehrern, erzählt Valerie. »Von den Kindern in Afrika könnten die Kinder in Deutschland viel lernen!«

Alle Kinder, die Valerie in dem Projekt unterrichtet hat, stammten aus armen, bildungsfernen Familien, in denen hauptsächlich die afrikanischen Sprachen Mandinka und Wolof gesprochen werden. Wenn solche Kinder später unvorbereitet in die Hauptschule kommen, haben sie keine Chance, dem Unterricht zu folgen. Darum werden ihnen in sogenannten Nursery Schools schon ab drei Jahren die Grundkenntnisse in Englisch beigebracht. Der gambische Staat stellt dafür keine Mittel zur Verfügung, sodass Hilfsorganisationen einspringen müssen. In Gambia müssen die Eltern Schulgebühren bezahlen, doch in den wenigsten Familien ist das Geld dafür vorhanden. »Hilfe aus dem Ausland ist mehr als willkommen«, betont Valerie. Nach dem Unterricht lud der Schulleiter, Ebrima Samateh, Valerie häufig zu einem der landesüblichen Mittagessen, einem Domoda, ein. Domoda ist ein Reisgericht mit etwas Fleisch, viel Chili, frischem Gemüse und der obligatorischen Erdnusssoße. Erdnüsse gibt es in Gambia in allen Variationen, denn das arme Land gehört zu den größten Erdnussproduzenten der Welt – die Hülsenfrucht ist der Exportschlager des kleinsten afrikanischen Landes, das mit rund 11 000 Quadratkilometern ungefähr halb so groß ist wie das deutsche Bundesland Hessen. »Die Frau von Mister Samateh brachte uns mittags das Essen vorbei«, erinnert sich Valerie. Bedient haben sich dann alle Beteiligten direkt aus der großen Schüssel. Während die Afrikaner einfach mit der rechten Hand hineingriffen, hat die Granny als Einzige einen Löffel benutzt.

Die Reise nach Gambia war ihr erster Aufenthalt in einem afrikanischen Land. Obwohl die attraktive Frau ihr ganzes Leben viel gereist ist, hat Afrika sie überrascht – andere Besucher sprachen gar von einem »Kulturschock«. So weit würde Valerie nicht gehen. Als Fremdsprachensekretärin war die gebürtige Engländerin für deutsche Firmen überall in der Welt tätig, hat in Kanada gelebt, in Florida und in Australien und ihren Onkel viele Male auf den Philippinen besucht. »Aber die Zeit als Granny Aupair in Gambia ist mit meinen vorhergehenden Auslandsaufenthalten und Erfahrungen nicht zu vergleichen«, sagt sie. Sie bewundert die Duldsamkeit und Gelassenheit der Menschen in Afrika, die trotz vieler Probleme mit wenigen Dingen glücklich sind. »Sie sind fröhlich und positiv, offen und zuvorkommend, hilfsbereit und haben viel Humor«, sagt Valerie. Die sprachbegabte Frau hat sogar einige Worte in den Stammessprachen Wolof und Mandinka gelernt, um den kleinen Kindern den Unterricht zu erleichtern. In dem winzigen Land Gambia gibt es gleich neun offizielle Stammessprachen – Englisch ist deshalb eine wichtige Brücke, um Sprachbarrieren zu überwinden.

»Aus Deutschland wurden neben anderen Unterrichtsmaterialien auch Farben, Malpinsel und buntes Papier gespendet«, berichtet Valerie. »Das Malen trainiert die Feinmotorik der kleinen Kinder. Vor allem aber freuen sie sich über die Abwechslung, denn Malen mit einem Pinsel ist in Gambia etwas Außergewöhnliches.« Die meisten Kinder hatten zum ersten Mal einen Malpinsel in der Hand. »Später haben sie mit Begeisterung Regenbögen und Blumenwiesen gemalt.« Die Granny aus Norddeutschland war für eine deutsche Hilfsorganisation unterwegs, die schulische, medizinische und gesellschaftliche Projekte in Gambia unterstützt. Angefangen hat alles vor vielen Jahren mit einer Autorallye, der Transsahara-Rallye Dresden-Dakar-Banjul. Die Teilnehmer der Rallye haben bei ihrer Fahrt durch insgesamt sieben Länder so viel Armut gesehen, dass sie beschlossen haben zu helfen. Heute unterstützt die Organisation gemeinsam mit Granny Aupair gleich mehrere Hilfsprojekte und ist bereits seit über sechs Jahren in Gambia. Krankenstationen, Vorschulen, eine Schneiderei und eine Essensausgabe für Bedürftige gehören zu den Projekten – überall sind Grannys als ehrenamtliche Helferinnen mehr als willkommen.

Valerie hatte sich bewusst für das Vorschulprojekt, die Nursery School, entschieden. »Ich hatte in meinem Leben immer Kinder um mich herum«, sagt die vierfache Mutter und achtfache Großmutter. »Kindern gehört meine ganze Liebe.« Schon früher hatte sie an einer internationalen Schule unterrichtet. Ihre Enkel – sie sind zwischen fünf und 22 Jahre alt – finden es großartig, was die Oma da als Granny in Afrika gemacht hat.

In ihrer Freizeit ist Valerie viel in Gambia herumgereist. »Das Land ist so klein und übersichtlich – man gelangt schnell von A nach B und kann viel sehen und erleben«, berichtet sie. Mit einem Sammeltaxi kommt man in Gambia überall preiswert hin: Erlebnis & Abenteuer inklusive! »Die Autos sind zwar uralt und mit Passagieren picke-packe vollgestopft«, erzählt Valerie. »Aber jede Fahrt ist mit witzigen Begegnungen, Gesprächen und viel Gelächter verbunden, nur unter Platzangst darf man nicht leiden.«

Das Wohncamp lag keine 500 Meter von der Hauptstraße entfernt. Dort war dann auch gleich eine Sammeltaxi-Haltestelle, doch die Fahrer reagieren auch auf Handzeichen und stoppen bei Bedarf unterwegs, um Tramper mitzunehmen. »Solange noch ein Passagier ins Auto passt, wird auch angehalten.« Nur drei Kilometer vom Camp entfernt liegt ein wunderschöner Sandstrand. »Dort gibt es eine einfache Strandbar mit Reggae-Musik, in der Hängematten vermietet werden«, erinnert sich die Granny Aupair. Die Atmosphäre dort sei »total relaxed« und lade geradezu zu Tagträumen ein. Dort habe sie die schulfreie Zeit am Nachmittag oft verbracht und die Gedanken wandern lassen – und so »reiste« Valerie vom Rauschen der Atlantikwellen begleitet zurück in die Vergangenheit. »Das Aupair-Sein hat meinen Lebensweg maßgeblich mitgestaltet«, erzählt sie. Als Teenager kam die gebürtige Engländerin Valerie als Aupair nach Deutschland. »Meine Freundin und ich wollten unbedingt ins Ausland.« Mit geschlossenen Augen sind sie mit dem Zeigefinger über eine Europakarte gewandert. »Wir haben irgendwann die Augen wieder geöffnet – und wo der Finger sich dann befand, wollten wir hin.« Die Freundin ist in Italien gelandet, Valerie im Schwabenland. In Stuttgart ist sie dann auch ihrem ersten Mann begegnet, mit dem sie nach Kanada ausgewandert ist. Die Ehe war nicht besonders glücklich und so hat das Paar sich bald wieder getrennt. Mit ihrem zweiten Mann – es war wieder ein Deutscher – verlebte Valerie sehr glückliche Jahre. »Bis er an Krebs gestorben ist.« Der Tod dieses geliebten Menschen war für sie ein Schock. Zunächst verkroch sie sich in ihrer Trauer und konzentrierte sich nur auf die Kinder und Enkel.

Doch es sollte eine weitere Liebe in ihrem Leben geben. »Ich habe einen Holländer kennengelernt und mich auf der Stelle in ihn verliebt. Mit ihm wollte ich auf große Tour gehen«, verrät sie. Für die geplante Weltumsegelung auf einer 14 Meter langen Yacht hat Valerie gepaukt, wie lang ein Schleppverband ist, wann welche Lichter gesetzt werden müssen, wie man einen Palstek knüpft und Taue aufschießt. Schließlich hat sie den Segelschein gemacht. »Es war eine aufregende Zeit« – Träume von einsamen Badebuchten im Südpazifik und Sonnenuntergängen auf hoher See bestimmten ihr Leben. Doch der gemeinsame Segeltörn endete bereits in Frankreich: Valerie ging von Bord, denn ihre älteste Tochter war an Leukämie erkrankt. »Sie hat mich gebraucht und ich bin sofort zu ihr nach Deutschland zurückgekehrt. Der Krankheitsverlauf war anfangs dramatisch.« Seit der Krebserkrankung ist die Tochter, eine alleinerziehende Mutter, sehbehindert. Valerie hat sich um Kind und Enkelkind gekümmert, während ihr Freund die Segeltour fortgesetzt hat. »Wir sind zwar heute noch in Kontakt, aber der Traum der Weltumsegelung ist für mich ausgeträumt«, sagt sie ohne Bedauern.

Ihre Reiselust ist allerdings lebendig geblieben. »Dann habe ich durch Zufall in einer Fernsehsendung von Granny Aupair erfahren und war sofort Feuer und Flamme.« Als es ihrer Tochter wieder besser ging, machte sich Valerie auf und reiste allein nach Afrika.

Sie ließ sich zunächst von einem Mediziner beraten, dann besorgte sie sich die notwendigen Impfungen und eine Prophylaxe gegen Malaria. Ansonsten brauchte sie außer leichter Kleidung nichts. Für die Einreise nach Gambia muss der Pass noch sechs Monate gültig sein. Man bekommt eine 28-tägige Aufenthaltserlaubnis, die man jederzeit verlängern kann. Sie hat den Flug nach Banjul, der Hauptstadt Gambias, gebucht und ist knapp zehn Stunden später nach einem kurzen Zwischenstopp in diesem »heißen, hektischen Kessel« gelandet. Eine Freundin hatte sie vorher gefragt: »Hast du denn keine Angst?« Nein, überhaupt nicht. »Anfangs hatte ich ein wenig Respekt vor den Moskitos – doch selbst diesen üblen Malariaüberträgern war es zu heiß und zu trocken, während ich im Land war«, plaudert sie. »Ich bin nicht einmal gestochen worden.«

Valerie will wieder weg. Vielleicht das nächste Mal nach Asien. »Ein soziales Projekt in Indien könnte mich reizen«, sagt sie. Sie ist die ideale Granny Aupair: abenteuerlustig, unkompliziert, neugierig und reiseerfahren. Ohne viel Mühe akzeptiert sie das Andere, das Einfache – ganz gleich, ob es ums Wohnen oder Essen geht. In Afrika gibt es kein Vollkornbrot – na und? Sie ist nicht kapriziös, braucht keine Extrawürste, kann gut improvisieren und bleibt auch in kleineren Krisen gelassen. »Wenn die Klapperkiste auf der Landstraße liegenblieb, habe ich eben versucht, sie wieder zum Laufen zu bringen.« Kein Wasser, kein Strom – kein Problem! Diese Einstellung ist perfekt für einen Aufenthalt in Afrika.

»Ich liebe Menschen«, sagt Valerie schlicht. Und sie begegnet allem Fremden vorurteilsfrei und offen. Diese Lebenseinstellung machte ihr das Granny-Dasein leichter. Von Hotelanlagen hat sie sich ferngehalten und den Kontakt zu »normalen« Touristen bewusst gemieden. Gespräche über das Wetter, das Essen und die Sauberkeit der Zimmer langweilen sie. »Da hocke ich lieber mit den jungen Leuten in der Hängematte am Strand und lausche ihren fröhlichen Gesprächen«, sagt sie. Der Abschied von Afrika, von den Kindern in der Nursery School, dem afrikanischen Schuldirektor, dem deutschen Ehepaar in dem Camp und all den freundlichen Marktfrauen fiel ihr schwer. »Byebye teacher«, haben sie gerufen, als Valerie ins Sammeltaxi stieg, um zum Flughafen zu fahren. »In meinem Herzen reisten sie alle mit.« Zur Erinnerung hat sie sich bunte Batiktücher mit in den Norden genommen. Ihrer kranken Tochter geht es wieder gut. Ihr Segelfreund ist jetzt in Brasilien gelandet – und Valerie wird bald wieder als Granny Aupair auf die Reise gehen. »Das Leben ist wunderbar«, sagt sie. »Man muss das Schöne nur erkennen und dann die Gelegenheiten beim Schopfe packen.« Carpe diem.

IMPRESSIONEN AUS WEITEREN SOZIALEN PROJEKTEN – UNTERRICHT AUF DEM FUSSBODEN BEI 45 GRAD

Emma aus Frankfurt, die als Aushilfslehrerin in Indien arbeitete, hat die Lernsituation noch genau vor Augen. In der Schule auf dem Land im entlegensten Winkel Rajasthans gab es weder Tische noch Stühle für die Kinder. »Sie sitzen auf einfachen Matten auf dem Boden, sind still und konzentriert und hören zu.« Und das, obwohl die Hitze mit 45 Grad am Rande des (zumindest für Mitteleuropäer) Erträglichen war und die Luft trocken und staubig. Den Raum haben die Schüler mit bunten Plakaten verschönert – Farbtupfer in einer tristen Umgebung. »Ich sehe immer noch die Kindergesichter vor mir – Kinder, die lernen wollen!« Für die pensionierte Lehrerin war das früher in Deutschland »ein eher seltener Anblick«.

In Peru suchte ein Kinder- und Waisenhaus Unterstützung aus Deutschland. »Da war etwa die kleine Estefania, ihre Mutter ist bei der Geburt gestorben«, berichtet Marianne, die das Schicksal der Kleinen betroffen macht. »Die Frau hatte hochschwanger einen Sack mit Kartoffeln zum Markt getragen und war unter der Last zusammengebrochen. Später ist sie bei der Geburt in der erbärmlichen Hütte verblutet.« Nach dem Tod seiner Frau hatte der Vater versucht, das Baby durchzubringen. Aber der Kleinbauer hat vier weitere Kinder. Der gepachtete Boden warf zu wenig Kartoffeln und Mais ab, um die Familie zu ernähren. Und jetzt fehlte auch noch die Arbeitskraft der Mutter. Schon nach wenigen Wochen wurde Estefania krank. Sie war unterernährt, litt an Tuberkulose und drohte zu sterben. Dem Vater blieb keine andere Wahl: Er gab sein jüngstes Kind in dem Waisenhaus ab. Es war der Ankunftstag der Granny aus Deutschland. »Ich war einfach erschüttert, als der Vater mir unter Tränen sein Baby in den Arm legte und eine Mitarbeiterin der Einrichtung für mich übersetzt hat: ›Jetzt wird alles gut‹, soll der Vater gesagt haben.«

Der Boden, der die Menschen dort kaum ernährt, ist steinig und liefert nur wenig Ertrag, die Lehmhütten sind kärglich. Die Bauern in Peru sind arm, ihre Familien groß. Sieben, acht Kinder sind keine Seltenheit. Sie müssen mitarbeiten, stehen oft an den Straßen und versuchen, Bohnen, Mais und Kartoffeln zu verkaufen. »Die Kinder hier haben keine Chance, wenn wir nicht helfen«, sagt Marianne. Krankheiten wie Tuberkulose und Darminfektionen raffen die Menschen dahin.

»Für mich ist die Arbeit als Granny Aupair in einem Hilfsprojekt auch eine Art Hilfe zur Selbsthilfe«, gesteht eine andere Granny, die namentlich nicht genannt werden möchte. »Ich war so depressiv, dass ich versucht habe, mir das Leben zu nehmen. Ich fühlte mich einsam und überflüssig. Ich habe den Selbstmordversuch überlebt und mich anschließend gefragt, welchen Sinn mein Leben noch hat.« In der Therapie wurde ihr geraten, sich nützlich zu machen und sich für andere zu engagieren. »Und so ging ich als Granny auf die Reise«, erzählt sie. An Sehenswürdigkeiten war sie nicht interessiert – die berühmten Scharrbilder in der Wüste von Nasca oder die Ruinenstadt Machu Picchu ließen sie kalt. »Das Schicksal der Kinder in Peru geht mir ans Herz und lässt meine eigenen Befindlichkeiten schrumpfen«, sagt sie. Sie erlebte Kinder, die gewalttätige Übergriffe und sexuellen Missbrauch erleiden mussten, die körperlich gezüchtigt worden waren und schon früh zur Arbeit gezwungen wurden. »Viele sind traumatisiert und werden in dem Hilfsprojekt liebevoll aufgefangen.« Die Grannys begleiten die Kinder und Jugendlichen im Alltag, helfen bei den Hausaufgaben, unterrichten Englisch und sogar ein wenig Deutsch. »Liebe und viel Geduld sind die wichtigsten Voraussetzungen für diese Aufgabe«, sagt die Granny. Auch in Bolivien und in der Dominikanischen Republik werden Granny Aupairs in Kinderheime vermittelt.

Die Rückkehr in die soziale Verantwortung hilft gerade älteren Frauen bei der Bewältigung ihrer neuen Lebenssituation nach der Pensionierung. »Geben ist seliger denn nehmen, das steht schon in der Bibel«, zitiert eine gläubige Granny die Bibelworte aus der Apostelgeschichte. Dass diese Worte durchaus stimmen, ist sogar wissenschaftlich belegt. Eine kanadische Sozialpsychologin hat in Studien herausgefunden, dass sich persönliches Glück steigern lässt, wenn man andere Menschen glücklich macht. Wer anderen hilft, beschenkt sich quasi selbst.

IMMER JÜNGER ÄLTER WERDEN

Was Altern mit Zukunftsforschung zu tun hat, warum sich die Generation 50 plus heute mindestens zehn Jahre jünger fühlt und wie soziales Engagement und Ehrenämter fit halten – darüber haben Wissenschaftler geforscht und überraschende Ergebnisse erzielt. Eins lässt sich jedenfalls nicht leugnen: Neue Konzepte für ein Miteinander der Generationen sind unabdingbar. Das Altersbild in den Köpfen muss sich ändern.

DIE GENERATION DER JUNGEN ALTEN REVOLUTIONIERT DAS ALTERN

»Der Blick des Verstandes fängt erst dann an scharf zu werden, wenn der Blick der Augen an Schärfe verliert«, erkannte schon der griechische Philosoph Plato vor über 2000 Jahren. Diesen Satz zitiert Roswitha (72) gerne. Und sie weiß auch, warum sich das so verhält: »Die Vernetzung der vielen Milliarden Großhirnzellen nimmt im Alter zu.« Das heißt, gesunde Alte verfügen über reichhaltige Erfahrungen, Wissen, Kombinationsvermögen und Kreativität – man muss dieses enorme Potenzial nur nutzen. »Wenn es das Seniorenstudium an der Universität in Hamburg nicht gäbe, wäre ich im Kopf etwas unterfordert«, meint sie. Die pensionierte Reisekauffrau ist vielseitig interessiert und belegt gleich mehrere Kurse in dem speziell auf die ältere Generation zugeschnittenen akademischen Veranstaltungsprogramm. »Die Vorlesungsreihe ist so angelegt, dass man alle Kurse unabhängig voneinander besuchen kann – toll«, schwärmt sie und erzählt: »Ich hätte damals so gern Kunstgeschichte studiert, aber nach dem Krieg war einfach keine Zeit dafür – ich musste sofort nach der Schule arbeiten.« Roswitha hat bereits Vorlesungen in Psychologie, Geschichte und Kunstgeschichte belegt. »Ich mag die geistige Herausforderung und spüre förmlich, wie mein Gehirn arbeitet.«

Die Hamburgerin hat nie aufgehört, sich fortzubilden, und behauptet: »Das hält mich jung!« Sie sagt, sie könne gar nicht genug Wissen und Anregungen bekommen. »Wenn der Tag mehr als 24 Stunden hätte und die Woche mehr als sieben Tage, dann würde ich noch viel mehr machen.« Sie besucht Ausstellungen, geht in Galerien und Museen, hört Vorträge und ist regelmäßig in der Hamburger Staatsoper zu treffen. Gleich nach der Verrentung hat sie sich um ein soziales Ehrenamt bemüht und eine Ausbildung für die Telefonseelsorge abgeschlossen. »Ich habe so viel Glück in meinem Leben gehabt, heute will ich der Gesellschaft etwas zurückgeben.« Jetzt plant sie als Granny Aupair ins Ausland zu gehen, denn ihre Reiseleidenschaft ist noch nicht erloschen. »Alle die Länder, die ich früher für meine Klienten gebucht habe, beschäftigten meine Phantasie und haben mich neugierig gemacht – besonders die Mongolei und Burma.« Sie durchstöbert einmal pro Woche die Website der Agentur und wartet auf eine Gastfamilie in diesen Ländern. Und dann soll es losgehen!

Die Hamburgerin Roswitha ist kein Einzelfall. »Es gibt eine regelrechte Leistungselite im Ruhestand, deren Know-how und Erfahrungen heute leider viel zu oft ungenutzt bleiben«, kritisiert Andreas Steinle. Der Geschäftsführer der Zukunftsinstitut GmbH in Kelkheim bei Frankfurt sagt: »Heutige Senioren sind wie die aktive Hamburgerin oft auf der Suche nach neuen Lebensperspektiven, sie sind neugierig, flexibel und ausgesprochen lernfähig.« Er sieht in dem Projekt Granny Aupair ein gutes Beispiel für mögliche Aktivitäten dieser Zielgruppe. Dass unter den jungen Alten ein »großes Potenzial an Engagementwilligen« zu finden ist, hat auch die Volkswirtin Ursula Köstler von der Universität Köln herausgefunden. In Seniorengemeinschaften, bei denen rüstige den weniger fitten Alten zur Hand gehen, sieht sie ein positives Beispiel.

»Mit der Pensionierung setzt bei älteren Menschen wie mir im Kopf doch nicht automatisch ein Stillstand ein«, betont Dietlinde (66). Die Gymnasiallehrerin für Griechisch und Latein freut sich: »Jetzt kann ich endlich tun und lassen, was ich will.« 50, 60 oder 70 – das sind für sie nur Zahlen. Älter sein könne auch erfahrener sein bedeuten – doch nach deutschem Beamtenrecht gehören selbst anerkannte Hochschullehrer mit 65 zum alten Eisen. »Das ist unglaublich: Wir schicken diese hochqualifizierten Leute einfach ins Abseits«, ärgert sich Dietlinde. »Nur für Politiker und Wirtschaftskapitäne scheint das nicht zu gelten.« Sie verweist auf das »Phänomen Altbundeskanzler Helmut Schmidt« und wünscht sich eine derartige »Nutzung intellektueller Ressourcen« auch für Normalbürger.

Andreas Steinle hebt auf »das Wissen eines gelebten Lebens« ab. Nehmen wir Roswitha (72): Sie hat als einstiges Kriegskind für den Frieden demonstriert, Liebeskummer durchlitten, gruppendynamische Prozesse am Arbeitsplatz bewältigt, sich bei Zenmeditationen ein bisschen besser kennengelernt und Sorgen im Freundeskreis mitgetragen. Keineswegs ein ungewöhnlicher Lebenslauf, aber doch exemplarisch für die Bandbreite an Erfahrungen, die man als Rentner hat. Damit sich solche Menschen in die Gesellschaft einbringen können, müsste man das Alter neu definieren – auch am Arbeitsplatz. »Die heutigen Senioren sind da von ihrer Einstellung her fixer als Firmen: Sie sind meist gleich nach der Verrentung auf der Suche nach Betätigungsfeldern, während Unternehmen diese Leute bereits abgeschrieben haben.«

DIE ALTERS-APOKALYPSE KOMMT NICHT

Die alternde Bevölkerung wird leider auch in den Medien abqualifiziert unter dem Motto »Rentenkatastrophe« und »Vergreisung der Gesellschaft«. Nur wenige Politiker, Journalisten und Unternehmer machen sich wie Andreas Steinle die Mühe, Chancen und Vorteile einer älteren Gesellschaft zu erkennen und zu analysieren. Der 42-Jährige, der Unternehmen in Strategie- und Innovationsprozessen berät, stimmt wie viele Experten nicht in das Angstgeschrei der Panikmacher ein, denn von düsteren Altersszenarien hält der Zukunftsforscher nichts. Im Gegenteil: Er begreift den demografischen Wandel als Wachstumschance – denn beispielsweise einen Fachkräftemangel gibt es schon heute. Allerdings müssten Unternehmer umdenken im Hinblick auf den Umgang mit Mitarbeitern und bei der Betrachtung der Märkte. »Mir wurde in meiner Firma in den letzten zwei Jahren vor meiner Verrentung ständig vermittelt, dass ich zum alten Eisen gehöre und sowieso keine Ahnung habe«, sagt eine Granny Aupair aus Berlin, die bei einem bekannten Modelabel im Verkauf gearbeitet hat. »Dabei habe ich beobachtet, dass die jungen Leute strategisch gesehen oft nur das wiederholten, was wir schon vor 20 Jahren im Marketing falsch gemacht haben.« Sie war am Ende glücklich, als sie ausscheiden konnte. »Es war wie die Entlassung aus dem Gefängnis!« Heute näht sie für eine angesagte Boutique ausgeflippte Mode für junge Frauen.

Steinles Blick in die Zukunft ist positiv – er ist davon überzeugt, dass die Gesellschaft irgendwann begreift, was sie an Alten wie Roswitha hat. »Die Alten sind keine ausschließliche Nehmergeneration – sie geben auch viel!« Unsere Gesellschaft ist seiner Meinung nach anpassungsfähig, »wir müssen uns allerdings immer weiter um Lösungen bemühen.« Wie Roswitha sind die jungen Alten schon längst auf der Suche und punktuell ist bereits einiges in Bewegung. Die Shell-Jugendstudie widerlege, so Steinle, die Behauptungen vieler Politiker und Medienmenschen über einen bevorstehenden Kampf der Generationen. »Das Gegenteil ist der Fall«, sagt Steinle. »Jung und Alt rücken näher zusammen.« Nie sei das Verhältnis zwischen den Generationen besser gewesen, nie zuvor hätten sich Interessen derart überschnitten. Steinle denkt dabei an gemeinsame Reisen oder Besuche von Rockkonzerten. »Ich war mit meinem Neffen im letzten Sommer in London«, erzählt Roswitha. »Wir hatten viel Spaß, sind im Doppeldeckerbus unterwegs gewesen, Riesenrad gefahren – nur die Kronjuwelen habe ich nicht gesehen, denn stattdessen habe ich mit Daniel das Konzert von Macklemore besucht, einem amerikanischen Rapper, den er cool findet.«

Der Zukunftsforscher ist sich sicher, dass neue, generationsübergreifende Modelle weiter Schule machen. Da sei schon vieles auf den Weg gebracht wie integrative Wohngemeinschaften, die Menschen jeden Alters, jeder Herkunft, unterschiedlichen Familienstandes, gesunde sowie solche mit körperlichen Beeinträchtigungen unter einem Dach vereinen. Das Studentenwerk Schleswig-Holstein zum Beispiel habe mit dem Projekt »Wohnen für Hilfe – Hand gegen Koje an Land« Maßstäbe gesetzt. Es bringt Familien, ältere und behinderte Menschen und Studierende in Wohnpartnerschaften zusammen. Ein weiteres gutes Beispiel sei ein Hamburger Altenheim, das gleichzeitig eine Kindertagesstätte ist. »Eine Seniorenresidenz, die eine Kita beherbergt – das ist wunderbar, funktioniert prächtig und erinnert ein wenig an das Zusammenleben in einer Großfamilie.« Die Kinder in Hamburg genießen die Gemeinschaft mit den Alten, die Zeit für sie haben, geduldig zuhören können und interessante Dinge von früher erzählen. Jung und Alt kochen und backen zusammen, die Senioren lesen Geschichten vor und die Kleinen lernen spielerisch, Rücksicht zu nehmen und sensibel mit den Schwächen und Gebrechen Hochbetagter umzugehen.

FAMILIENTEILZEIT UND FLEXIBLERE ARBEITSZEITEN FÜR ALLE

Bevor künftige Generationen sich in Seniorenresidenzen zurückziehen, müsse der Arbeitsmarkt flexibler auf die Alten reagieren. »Davon profitieren dann vor allem junge Familien«, sagt Andreas Steinle. »Wann im Lebenslauf möchten die Menschen am liebsten mehr Zeit für die Familie haben?«, fragt er provozierend und gibt gleich die Antwort: »Wenn die Kinder geboren werden!« Familienteilzeitmodelle kämen allen Generationen entgegen. »Man stelle sich vor, Mütter und Väter könnten mit Mitte 30 zwei Jahre eine Familienauszeit nehmen und ältere Arbeitnehmer würden über flexible Teilzeitmodelle diese Lücke füllen. Das würde allen helfen, ihre Arbeitsplätze zu sichern und die Lebensqualität zu erhöhen.« Die Auszeit der Jungen würde dann später ans Rentenalter angehängt. Auf diese Weise müssten die Menschen sich nach Ansicht des Zukunftsforschers nicht in jungen Jahren bis zum Burnout kaputtschuften, um dann nach dem Eintritt ins Rentenalter überhaupt nicht mehr gefordert zu werden. Dafür müsste unser Arbeitsmarkt umgestaltet werden. »Wir brauchen flexible Arbeitszeiten für alle Arbeitnehmer in allen Altersgruppen«, rät er. Die Alten nehmen den Jungen nicht die Arbeit weg. »Im Gegenteil: Sie können helfen, das Arbeits- und Familienleben menschenfreundlicher zu gestalten.«

Aktive, dynamische Menschen wie die Hamburgerin Roswitha träumen nicht davon, nach dem Erreichen der Altersgrenze für den Rest ihres Lebens in der beruflichen Bedeutungslosigkeit zu verschwinden. Wer Spaß an seiner Arbeit hat, möchte auch über die Rentengrenze hinaus weiterarbeiten. »Man muss die Menschen, die das wollen, nur lassen«, fordert Andreas Steinle. In den USA sei schon heute ein Trend erkennbar, der nach seiner Ansicht auch nach Deutschland kommen wird. »Viele Existenzgründungen und Start-ups finden vermehrt jenseits der fünfzig statt – und das keineswegs nur aus finanziellen Gründen. Die Generation der Babyboomer ist mutiger als vorherige Generationen.« Es gehe bei der späten Selbstständigkeit nicht mehr so sehr ums Geldverdienen, sondern vor allem um die Erfüllung von Träumen, die in der Jugend nicht verwirklicht oder ausgelebt wurden. Als Beispiel führt Steinle einen Schweizer Herzchirurgen an, der sich nach der Pensionierung seinen Jugendtraum erfüllt hat und als LKW-Fahrer mit einem 40-Tonner durch Europa fährt. Eine Granny Aupair plant, nach ihrer Rückkehr aus Thailand ein asiatisches Teehaus im Ruhrgebiet zu eröffnen, eine andere will Meditationskurse anbieten. Die Anregungen dafür hat sie aus Indien mitgebracht.

ZUKUNFT STATT ZWANGSVERRENTUNG

»Wir leben in einer Zeit des demografischen Wandels«, sagt auch Ursula Lehr, Vorsitzende der Bundesarbeitsgemeinschaft der Senioren-Organisationen. Die Wissenschaftlerin, die 1986 auf den ersten deutschen Lehrstuhl für Gerontologie berufen wurde, ist die überzeugendste Protagonistin der Generation 50 plus, für die sie sich seit Jahrzehnten so kämpferisch engagiert: Frau Professor ist Jahrgang 1930! Sie gilt als Gerontologin der ersten Stunde, als Impulsgeberin rund um das Thema Leistungsfähigkeit im Alter.

Die ehemalige Bundesministerin für Jugend, Familie, Frauen und Gesundheit ist unermüdlich im Einsatz für die Alten. Sie reist von Vortrag zu Vortrag, von Kongress zu Kongress und fordert immer und überall »flexiblere Altersgrenzen in allen Bereichen!«. Sie kritisiert Altersdiskriminierung und macht sich für ein lebenslanges Lernen stark. Weiterbildung und Förderprogramme seien nicht nur für jüngere Menschen wichtig. Auch sie wünscht sich, dass Unternehmen ihre Angestellten bis über das 60. Lebensjahr hinaus schulen. »Denn wir brauchen in Zukunft flexible Alterszeitmodelle statt strikte Zwangsverrentung, die sich einzig und allein nach dem Geburtsdatum im Personalausweis richtet.« Dazu seien individuelle Gestaltungsmöglichkeiten am Arbeitsplatz unabdingbar: Jobsharing-Modelle und Optionen, wann und wo man seine Arbeit erledigt und wie man sie einteilt, garantierten eine höhere Leistungsfähigkeit für alle Generationen. »Es geht um neue, kreative Denkmuster«, sagt Ursula Lehr. »Unternehmen in Deutschland müssen dem Fachkräftemangel entgegenwirken, um auch in Zukunft konkurrenzfähig und erfolgreich zu sein.« Einen ihrer vielen Vorträge hat die Diplom-Psychologin und Gerontologin unter die Überschrift gestellt: »Heute gejagt, morgen gefragt.« Es sei nicht vertretbar, dass in einigen Branchen die inoffizielle Altersgrenze bereits bei 40 Jahren liegt. »Das bedeutet einen unakzeptablen Ausschluss und Verzicht auf fachliche Leistungskompetenz.« Die herrschenden Vorurteile gegen ältere Menschen machen Ursula Lehr wütend: »Viele Studien zeigen, dass man keineswegs von einer Leistungsminderung und sinkender Arbeitsproduktivität sowie dem Rückgang intellektueller Fähigkeiten im Alter ausgehen kann. Im Gegenteil!« Es sei eine Mär, dass ältere Menschen nicht belastbar sind.

Jeder altert unterschiedlich, weiß Ursula Lehr und wehrt sich gegen Verallgemeinerungen und Vorurteile. Natürlich gebe es auch die Müden, die Ausgebrannten und nach einem langen, harten Arbeitsleben Erschöpften, die nichts dringender brauchen als Erholung vom Arbeitsalltag. Doch meistens seien auch diese Menschen nach einer längeren Rentenausruhzeit wieder bereit, zu neuen Ufern aufzubrechen. Denn das Gehirn funktioniere im Alter keineswegs schlechter als in der Jugend. »Es funktioniert nur anders!« Ältere Gehirne zeichnen sich durch Genauigkeit und Präzision aus, vernachlässigen dafür die Schnelligkeit ein wenig. Der Wissens- und Erfahrungsschatz eines langen Lebens führe zu kreativen Lösungen, die junge Menschen so nicht sehen und realisieren würden. Eine Granny Aupair hat im Zusammenhang mit außergewöhnlichen Problemlösungen festgestellt: »Meine Gedankengänge und Lösungsansätze jetzt im Alter überraschen mich oft selbst. Ich vergleiche sie immer mit dem Joggen: Ich kann zwar nicht mehr so schnell laufen wie die jungen Mädels, aber ich kenne die Abkürzungen und komme damit sogar eher ans Ziel«, sagt Erika aus Hamburg. Die 74-Jährige berichtet von einer Szene, die sich während ihrer Zeit in Belgien mit der Gastmutter abgespielt hat. Die junge Frau habe mit einem Messer und viel Mühe versucht, heruntergetropftes Wachs von einem Kerzenständer zu entfernen. »Dabei geht es ganz leicht, wenn man weiß wie«, sagt Erika. »Einfach den Kerzenständer gut zwei Stunden ins Gefrierfach legen. Danach platzt das Wachs nahezu von selbst ab.« Damit das Problem gar nicht erst entstehen kann, fettete sie alle Kerzenhalter mit Speiseöl ein. »Jetzt kann tropfendes Wachs nicht mehr am Kerzenhalter haften.« Mit ihren praktischen Haushaltstricks hat die Hamburgerin bei der Familie in Brüssel gepunktet.

Wissenschaftliche Studien zeigen, dass das Gehirn ein Leben lang fähig ist, neuronale Verbindungen aufzubauen und neue Verknüpfungen zu bilden. Neurologen haben beobachtet, dass sich Nervenzellen wie Muskelzellen trainieren lassen. Das Gehirn kann man also wie den Körper fit halten. Dabei spielt die Aufnahme neuer Informationen eine wichtige Rolle. »Aber auch Sport und Bewegung sind wichtig«, betont Ursula Lehr. »Gehirnforscher können anhand von Untersuchungen belegen, dass körperliche Aktivitäten geistige Leistungen wie das Erlernen neuer Fähigkeiten positiv beeinflussen.« Das sieht auch die Psychologin und Alternsforscherin Ursula Staudinger von der Jacobs University in Bremen so: »Die körperliche Ausdauerfitness hilft dem Denken auf die Sprünge.« Wer dagegen träge auf der Couch hockt, verliert nicht nur Muskelmasse: auch das Gehirn verkümmert. Der alte Spruch »Wer rastet, der rostet« hat sich in Studien bewahrheitet. Dabei ist ein Punkt nicht unwesentlich: Die Aufnahme neuer Informationen muss zielorientiert sein und Freude bereiten. Wie beim Muskeltraining erhöht Denkanstrengung den Effekt, Nervenzellen müssen also bei der Stimulation durch erhöhte Konzentration gepiesackt werden.

»Als ich meinen Segelschein vor drei Jahren gemacht habe, musste ich mich wirklich richtig quälen«, sagt eine Granny, die heute mit 73 Jahren das Steuer ihrer kleinen Yacht fest in der Hand hält. Die pensionierte Designerin hat das Geld ihrer Lebensversicherung in ein 10-Meter-Boot investiert und sich damit einen lebenslangen Traum erfüllt. In der Segelschule kamen ihr anfangs Zweifel. »Mein Gehirn schien ans Lernen nicht mehr gewöhnt zu sein. Fachausdrücke wie Halsen, Wenden und Segel reffen habe ich auswendig gelernt, Navigation und Seemannschaft musste ich pauken. Wie früher in der Schule.« Trotz der Anstrengung habe ihr die Vorbereitung auf die Segelprüfung auch Spaß gemacht. Bei ihrem Granny-Einsatz in Griechenland waren ihre Boots- und Segelkenntnisse dann von Vorteil. Sie konnte sogar den Herrn des Hauses, einen richtigen griechischen Macho, von ihren nautischen Fähigkeiten überzeugen. Das zählte umso mehr, weil er aus einer griechischen Fischereidynastie stammt und selbst gern segelt. »Costa ließ mich sogar Segel setzen und dann ans Steuer«, erzählt sie und zeigt Fotos vom Segeltörn in der Ägäis. Dass sie den Segelschein erst mit 70 Jahren gemacht hat, hat sie dem Mann vorsichtshalber verschwiegen.

WER GEBRAUCHT WIRD, ALTERT GLÜCKLICHER

Die Sinnfrage spielt beim Prozess des Alterns eine große Rolle und beeinflusst das Wohlbefinden ganz erheblich. Dabei ist das Gebrauchtwerden ausschlaggebend. »Wer im Alter keine Aufgaben mehr hat, gibt sich schneller auf, verbittert oder wird traurig und unglücklich«, sagt Ursula Lehr. Soziale Isolation – das können Wissenschaftler belegen – ist für die Gesundheit gefährlicher als das hohe Alter. Mit wachsender Einsamkeit erhöht sich sogar der Blutdruck. Das Risiko, früher an Demenz und Alzheimer zu erkranken, wird von Wissenschaftlern ebenfalls mit Einsamkeit in Zusammenhang gebracht. »Wer sich dafür interessiert, was andere Menschen denken und fühlen, wer mit anderen interagiert, bleibt länger fit, gesund und glücklich«, ist sich Lehr sicher.

Ältere Menschen, die sich – aus welchen Gründen auch immer – nützlich fühlen, blühen auf. »Spaß und Freude an einer sinnvollen Tätigkeit sind wichtig für Körper und Geist«, betont Ursula Lehr. Dabei gehe es nicht um eine starre 40-Stunden-Woche, sondern um Aufgaben und Arbeiten, die als angenehm und bereichernd empfunden werden. Warum nicht auf einem neuen Lebensweg durchstarten, eine zweite Karriere beginnen und sich endlich Träume erfüllen, statt mit dem Alter zu hadern? Warum nicht als Granny Aupair in die Welt reisen? »Es hilft beim positiven Älterwerden, offensiv etwas Neues zu wagen«, sagt Ursula Lehr. Das haben die meisten Grannys nach anfänglichen Startschwierigkeiten erfahren. »Aktiv Verantwortung übernehmen, mich neu in die Gesellschaft einbringen und dabei nützlich fühlen – das hatte für mich nach meiner Pensionierung Priorität«, sagt

Lisa aus Dortmund. Die Lehrerin hat mit 69 Jahren als Granny Aupair in einem sozialen Projekt gearbeitet. »Wir gehören nicht zum alten Eisen, wir haben nach der Rente noch genug Energie und Kraft zum Aufbruch«, betont sie.

Das sieht auch die 74-jährige Grete aus Saarbrücken so: »In meinem Freundeskreis wollen sich alle irgendwie nützlich einbringen. Jeder leistet auf seine Weise seinen Beitrag!« Deshalb ärgert sie sich über die Darstellung Älterer in den Medien: »Auf Zeitungsfotos sieht man entweder Golf spielende Edel-Rentner, die vorher mit dem Kreuzfahrtschiff in der Karibik unterwegs waren, oder Alzheimer-Pflegefälle und Hochbetagte, die gefüttert und gewickelt werden müssen – wo sind all die Menschen wie ich?« Grete, eine ehemalige Krankenschwester, kann sich darüber richtig aufregen. »Was da in den Medien propagiert wird, heizt den Kampf der Generationen ohne Not an und entspricht nur in Ausnahmefällen der Realität.« Die meisten Alten seien keineswegs Müßiggänger, die sich parasitär an der Gesellschaft bereichern, oder grenzdebile Patienten.

Was die Granny aus ihrem persönlichen Umfeld berichtet, bestätigen Wissenschaftler wie Ursula Staudinger: »Die meisten Menschen wollen einen Beitrag für die Gesellschaft leisten und nützlich sein«, denn wer auf Dauer »gesellschaftlich unsichtbar« wird, fühle sich zunehmend unwohl. Die Sinnfrage stelle sich gerade im Alter mit Nachdruck – wenn das Lebensende unausweichlich näher rückt. »Dann nimmt die Innenorientierung des Menschen zu«, erläutert die Wissenschaftlerin. Die Trennung zwischen wichtig und unwichtig sei im Laufe der Jahre bereits vollzogen worden. »Durch eine neue Gelassenheit fällt alter Druck ab.« Und das werde allgemein als wohltuend empfunden.

Um diese aktiven Alten einzubinden, dürfe Alter nicht länger automatisch mit Abbau in Verbindung gebracht werden. »Wir brauchen ein radikal neues Bild vom Alter und dem Prozess des Alterns«, sagt Ursula Lehr. Gerade ältere Menschen hätten der Gesellschaft viel zu bieten: »Dazu gehören allen voran Eigenschaften wie Achtsamkeit, Geduld und Ruhe, Erfahrungen und Lebensweisheit, eine Fülle an Wissen und jede Menge soziales Know-how.«

DIE PRIORITÄTEN VERSCHIEBEN SICH

Wie man »gut« altert, ist individuell verschieden. Der wichtigste Punkt ist für Ursula Staudinger: »Wir sollten uns immer wieder neu fordern!« Und das müsse nun mal ein bisschen wehtun. »Sicher gehören Zufriedenheit und Offenheit dazu«, meint Ursula Lehr. Glück und Gelassenheit sind im Alter für viele Menschen wichtiger als Geld und Prestige. »Ich habe im Laufe meines Lebens gelernt zu erkennen, was mir guttut«, sagt Lisa. Sie vermeidet heute alles, was sie nervt, und fühlt sich trotz kleiner Zipperlein wohler als früher. »Die Erwartungen der anderen an mich sind mir nicht mehr so wichtig. Ich weiß, was ich will.« Dieses Gefühl teilt sie mit den meisten Menschen ihrer Generation. Andererseits achtet sie selbst genauer auf ihre Bedürfnisse. Lisa bestätigt, was viele Ältere berichten: »Ich fühle mich heute sogar oft glücklicher als früher.« Verschiedene Studien kommen zu diesem Ergebnis. Sie belegen außerdem, dass sich ältere Menschen eher vor negativen Erlebnissen schützen und ihr Gehirn negative Emotionen quasi automatisch herunterreguliert. »Ich habe bei meiner Arbeit auf der Krebsstation viel Elend gesehen und traurige Schicksale mitgetragen«, erinnert sich die ehemalige Krankenschwester Grete. Heute halte sie sich von negativen Dingen bewusst fern. »Das Fernsehprogramm schalte ich um, sobald es um Mord und Totschlag geht«, sagt sie. »Warum soll ich mich mit schlimmen Bildern belasten?« Sie sucht positive Anstöße und ist bereit zu lernen. »Obwohl wir hier in Saarbrücken Frankreich vor der Haustür haben, ließ mir mein Beruf nie die Zeit, diese wunderschöne, melodische Sprache zu lernen.« Als Granny Aupair hat Grete die Chance genutzt. »Ich war überrascht, wie leicht mir das Lernen gefallen ist«, sagt sie.

Lisa führt die Zunahme ihres Wohlbefindens auch auf die Konzentration auf das Wesentliche zurück. Sie gehe jetzt mehr in die Tiefe und lasse sich nicht von Kleinigkeiten irritieren. In jungen Jahren habe sie sich eher verzettelt und sei auf banale Probleme eingestiegen. »Heute interessiert mich die Meinung der Nachbarin nicht mehr. Die Verkniffenheit, die mir zwischen 25 und 45 das Leben schwergemacht hat, habe ich völlig abgelegt und gegen eine neue Leichtigkeit oder ein Tag-für-Tag-Wertschätzen getauscht.« Sie sei nicht mehr so streng mit sich, akzeptiere ihre Fehler und betrachte persönliche Unzulänglichkeiten mit Humor. »Es war für mich eine Befreiung, als ich mich von der Kleidergröße 38 verabschiedet habe«, sagt sie. »Jetzt konzentriere ich mich auf die angenehmen Seiten des Essens und Trinkens – Diäten sind Geschichte.« Ihr persönliches Wertegefühl sei kaum noch an Äußerlichkeiten gekoppelt. »Was für ein Geschenk, was für ein schönes Gefühl der Freiheit. Ich will gar nicht mehr jünger sein!« Lisa sieht sich heute selbstbestimmter als etwa mit Mitte 30. Studien belegen, dass wir uns im Alter weniger sorgen und ärgern. »Was mich früher auf die Palme gebracht hat, lässt mich heute völlig kalt«, sagt sie.

Der Wiener Gerontologe Leopold Rosenmayr hat dafür den Begriff der »späten Freiheit« geprägt. »Das krampfhafte Festhalten an alten Strukturen lässt im Alter nach.«

ZUFRIEDENHEIT IM ALTER IST AUCH EINE FRAGE DER INNEREN EINSTELLUNG

Jedes zweite Mädchen, das nach 1970 in Deutschland geboren wurde, kann damit rechnen, 100 Jahre alt zu werden. »Sind das nicht wunderbare Aussichten«, sagt Ursula Lehr und weiß, dass sie damit provoziert. »Die Alternative zum Altwerden wäre, schon unter der Erde zu liegen!« Diesen Satz hält sie allen Pessimisten entgegen, die sich auf die negativen Seiten einer älteren Gesellschaft wie Altersarmut und Pflegenotstand fokussieren. »Vielleicht steuern wir mit dem demografischen Wandel ja einer friedlicheren, verständnisvollen Gesellschaft entgegen, die nicht ausschließlich an Gewinnmaximierung und andere Egoismen denkt.« Die Hamburger Granny Roswitha ergänzt ganz lebenspraktisch: »Dazu muss man eigentlich nur die 20-Uhr-Nachrichten im Fernsehen einschalten: Bilder gewalttätiger Auseinandersetzungen im Nahen Osten zeigen in der überwiegenden Mehrzahl wütende, gewaltbereite junge Männer und keine Rentner.«

Wie die heute 15,2 Millionen 65- bis 85-Jährigen in Deutschland denken, beantwortet die Generali-Altersstudie 2013, die die Themenbereiche rund um Lebenszufriedenheit, soziale Kontakte, Gesundheit und Mobilität, materielle Lebenssituation und das Engagement dieser Altersgruppe abgeklopft hat. Die Ergebnisse basieren auf einer repräsentativen Befragung von über 4000 Menschen, die das Institut für Demoskopie Allensbach durchgeführt hat. Überrascht hat die Leistungsfähigkeit dieser Generation, die sich im Vergleich zu ihren Vorgängern unter anderem durch eine erhöhte Agilität und Gesundheit auszeichnet. Die Studie dokumentiert ein völlig neues demografisches Phänomen: Die Gesellschaft wird zwar strukturell älter, aber die Älteren fühlen sich jünger – und zwar im Schnitt um etwa zehn Jahre!

Viele der Befragten sind mit ihrem Leben ausgesprochen zufrieden. Auf einer zehnstufigen Skala von null bis zehn liegt der durchschnittliche Wohlfühlwert laut dieser Studie bei positiven 7,4. Negative Abweichungen haben häufig mit geringem Einkommen zu tun. Die Sicht auf das eigene Alter ist bei der positiven Einschätzung wesentlich: Das Lebensgefühl ist nicht schicksalhaft an die Lebensjahre gebunden, sondern zu einem guten Teil hausgemacht. Eine negative Einstellung kann einem die Laune schnell verderben. Lisa gehört zu der Mehrheit, die ihren Jahren viel Positives abgewinnen kann. »Es ist für mich ein besonderer Vorteil des Alters, dass ich nicht mehr so viel Stress habe«, sagt sie. Die Verlangsamung des Lebensrhythmus gehe einher mit weniger Zwängen. Der Zugewinn an Ruhe bringe mehr Zeit mit sich, die man der Familie und Freunden widmen könne sowie Dingen, die Spaß machen. Das alles führe zu der gefühlten Verjüngung. Nur das Bewusstsein darüber, dass die Uhr tickt und der letzte Lebensabschnitt begonnen hat, bereite ihr hin und wieder ein ungutes Gefühl.

Die Generali-Studie hat ergeben, dass ältere Menschen zwar Wert auf Autonomie legen, ihre sozialen Kontakte aber stark ausgeprägt sind. Man will unabhängig sein, aber nicht einsam. »Ich genieße meine Freiheit und lebe gern allein«, sagt Lisa. »Aber wenn ich es will, kann ich mich mit Freunden treffen, ausgehen, meiner Opernleidenschaft frönen und jetzt auch noch als Granny Aupair in die Welt reisen! Kein Arbeitgeber hindert mich daran, kein Partner stellt Forderungen, niemand bremst mich mehr aus. Und wenn ich einen Abend allein auf der Couch mit Anti-Faltencreme und einem guten Buch zubringen will, mache ich das einfach.«

ENGAGIERT UND NICHT EINSAM

Wie sehr sich die Generation der jungen Alten außerhalb der Familie gesellschaftlich einbringt, wurde bisher meist unterbewertet. Dabei liegt das Engagement mit 45 Prozent deutlich über dem des Bevölkerungsdurchschnitts. An erster Stelle unterstützt man sich jedoch gegenseitig in der Familie. Die Großelterngeneration verbringt pro Woche bis zu 15 Stunden mit der Betreuung von Enkelkindern. Hochgerechnet auf die Altersgruppe sind das rund 2,4 Milliarden Stunden im Jahr! Der gesellschaftliche Einsatz im Rahmen der Kirche, rund um Sport- und Kulturvereine und in sozialen Einrichtungen der Kinder- und Altenhilfe, in Suppenküchen und Obdachloseneinrichtungen ist sowohl vom Zeitaufwand her als auch monetär betrachtet überwältigend. Hochgerechnet umfassen soziale und ehrenamtliche Tätigkeiten der Älteren über 1,48 Milliarden Stunden im Jahr: Das entspricht etwa 870 000 Vollzeitstellen. Würden alle Rentner plötzlich von heute auf morgen ihre Hände einfach in den Schoß legen, dann würde unsere Gesellschaft in sozialen Bereichen ins Chaos steuern. Für Andreas Kruse, Direktor des Instituts für Gerontologie der Universität Heidelberg und Mitglied des Wissenschaftlichen Beirates der Generali-Altersstudie, ist das ein Beleg dafür, dass Ältere ungeahnte zeitliche, materielle und auch emotionale Ressourcen in die Gesellschaft einbringen und die nachfolgenden Generationen unterstützen. Wer also die Alten als gesellschaftliches Problem abtut und ausgrenzt, wird ihnen einfach nicht gerecht!

»Fälschlicherweise werden ältere Menschen für das Dilemma in den Renten-, Kranken- und Pflegekassen gebrandmarkt und als Sündenböcke der Nation herangezogen«, kritisiert auch Ursula Lehr die derzeitige öffentliche Diskussion. »Doch eine älter werdende Welt wird nur dann zum Problem, wenn wir ein negatives Altersbild generalisieren.« Dabei können und wollen viele ältere Menschen ihre Kenntnisse und Fähigkeiten zur Verfügung stellen. Das beweisen die

Lebensgeschichten vieler Granny Aupairs. »Bevor ich als Granny unterwegs war, bin ich in unserer Kirchengemeinde für einen Alten- und Krankenbesuchsdienst ehrenamtlich im Einsatz gewesen«, sagt Elke (72), eine ehemalige Mathematiklehrerin an einem Stuttgarter Gymnasium. Auch die Studie belegt, dass die Mobilität und Aktivität dieser Altersgruppe in den letzten drei Jahrzehnten in beeindruckendem Maße zugenommen hat. Die Befragten gaben an, im Durchschnitt an fünf von sieben Tagen außer Haus unterwegs zu sein. 68 Prozent haben ein eigenes Auto oder können über ein Auto verfügen und sind somit sehr mobil.

Auch das weitverbreitete Vorurteil, im Alter sei man einsam, trifft nur auf wenige zu. Im Gegenteil. In der Studie steht: »Die überwältigende Mehrheit hat nicht nur enge familiäre Bindungen, sondern auch einen stabilen Freundeskreis.« Auch Elke wurde zu Hause in Baden-Württemberg vermisst, als sie in Indien unterwegs war. »In der Betreffzeile meiner E-Mails stand mehr als einmal: ›Du fehlst uns, wann kommst du wieder?‹ Das tat gut«, erzählt sie. »Als ich dann auch noch einen Verehrer in meinem Gastland kennenlernte, fühlte ich mich plötzlich wieder so attraktiv und begehrt wie damals in der Pubertät«, scherzt die 72-Jährige und fügt hinzu: »Vielleicht wandeln sich in Zukunft ja sogar die Schönheitsideale?« Sie wünscht sich »viele Hundertjährige«, damit sie mit Anfang 70 »als Küken durchgeht«. Die Granny ist davon überzeugt, dass die Menschen in Zukunft »immer jünger älter« werden. »Diesen Trend kann man heute schon beobachten – zum Beispiel bei mir«, sagt Elke selbstbewusst.

WER ARM UND UNGEBILDET IST, STIRBT FRÜHER

»Mit Prognosen, wie alt ein Mensch überhaupt werden kann, halte ich mich zurück«, sagt Gerhard Naegele, Direktor des Institutes für Gerontologie an der TU Dortmund. »Früher sprach man von einem maximalen Alter um die 90 Jahre – heute sind 100-Jährige keine Seltenheit mehr.« Niemand könne exakt bestimmen, wo die maximale Lebensspanne endet. »Aber ewiges Leben gibt es nicht: Eines Tages sind alle biologischen Reserven – medizinischen Eingriffen zum Trotz – verbraucht.« Was Elke so charmant von sich behauptet (und was die Altersstudie mit Zahlen unterfüttert hat), ist auch für Professor Naegele auffällig: Er spricht von der »Verjüngung des Alters«, ein Begriff, der aus der Gerontologie stammt. Die Diskrepanz zwischen gefühltem und objektivem, kalendarischem Lebensalter sei auffällig und für die Rentengesetzgebung ein Aspekt, den es in Zukunft zu berücksichtigen gelte. »Wir haben heute Altersgrenzen, die chronologisch definiert sind und an der subjektiven Selbsteinschätzung Betroffener völlig vorbeigehen.« Elke hätte gern länger gearbeitet. »Die Schüler haben mich respektiert, im Kollegium spielte mein Alter keine Rolle und mir machte der Unterricht weiterhin viel Freude – trotzdem musste ich gehen, als ich die offizielle Altersgrenze erreicht hatte.«

Die Gene lassen es nicht zu, dass wir für immer und ewig jung und leistungsfähig bleiben. Gerhard Naegele vermutet, dass sich die Lebenserwartung der Menschen irgendwann bei plus/minus 100 Jahren einpendeln wird. »Als Sozialwissenschaftler ist es für mich jedoch viel interessanter zu beobachten, welche Rolle sozialstrukturelle Faktoren bei der Lebenserwartung spielen«, sagt er. In Städten wie Berlin und

London machen gravierende Unterschiede zwischen einzelnen Bezirken bereits eine Lebensspanne von zehn Jahren aus. Das heißt, es gibt ein hohes Sterblichkeitsrisiko in den sozial schwachen unteren Schichten gegenüber einer höheren Lebenserwartung in bürgerlichen, gutsituierten Schichten. »Darauf sollten die Verantwortlichen in Politik und Wirtschaft ihre Aufmerksamkeit lenken«, fordert Professor Naegele.

»Die sozialen Unterschiede sind enorm«, weiß auch Ursula Staudinger. »Wer gebildet ist, hat leichter Zugang zu relevanten Informationen, isst gesünder, vermeidet Risiken wie Rauchen und pflegt den Körper intensiver – zum Beispiel durch Wellnessangebote und Sport.« Gerhard Naegele sieht das genauso: »Nehmen Sie nur den Aspekt, sich gut und gesund zu ernähren: Dazu gehören nicht nur das Wissen über gesunde Ernährung, sondern auch die finanziellen Möglichkeiten, hochwertige Lebensmittel einzukaufen.« Er unterstreicht: »Neueste Studien des Max-Planck-Instituts gehen davon aus, dass genetische Einflüsse allenfalls 25 bis 30 Prozent ausmachen. Die restlichen Faktoren werden durch das soziale Umfeld determiniert.«

Dass die Lebensbedingungen die Lebenserwartung entscheidend mit beeinflussen, ist keine neue Entwicklung: »Eigentlich war das in der Geschichte der Menschheit schon immer so: Wer arm ist, stirbt früher!« Das zeigen auch die Daten der gesetzlichen Rentenversicherung und Beamtenversorgung. »Die Laufzeiten der Renten sind bei Arbeitern kürzer als bei Angestellten. Selbst im öffentlichen Dienst lassen sich innerhalb der einzelnen Laufbahngruppen unterschiedlich lange Bezugs- und Versorgungsleistungen ablesen«, erläutert Gerhard Naegele.

»Hinzu kommt, dass unsere Gesellschaft an althergebrachten Altersbildern krankt«, moniert Professor Naegele. Über diesen Aspekt wurde im 6. Altenbericht der Bundesregierung nachgedacht und im Vorfeld viel diskutiert. »Doch Altersbilder kann man nicht einfach austauschen«, erklärt der Wissenschaftler. Es sei sinnvoller, das Alter in Phasen zu differenzieren und neu zu definieren. Wann beginnt die

Hochaltrigkeit? Mit 80 Jahren oder erst mit 85? »Auch bei dieser Betrachtung spielt die subjektive Selbstwahrnehmung eine wichtige Rolle«, so Naegele. Es gibt 70-Jährige, die sich alt fühlen, und 80-Jährige, die von sich behaupten: Ich bin jung! Das habe natürlich auch viel mit körperlichen Veränderungen und Mobilitätseinschränkungen zu tun.

Je nach Disziplin betrachten Wissenschaftler das Alter aus unterschiedlichen Blickwinkeln: Für Gerontologen ist die Bewertung von Alterserkrankungen ein wichtiges Kriterium. Der Soziologe orientiert sich etwa am Ausscheiden aus dem Erwerbsleben, und der Psychologe legt mehr Gewicht auf das gefühlte Alter. Eine kalendarische Antwort, so Naegele, werde man jedenfalls nicht finden, weil es diese nicht gebe. »Ich selbst bin 65, fühle mich wie Mitte 50 und damit noch lange nicht alt«, beschreibt der Direktor des Dortmunder Institutes seine persönlichen Empfindungen. »Aber ich muss bald in Rente gehen und werde damit soziologisch betrachtet alt gemacht.« Das will das Gesetz so. Doch Anerkennung, Funktion und eine sinnvolle Position halten Menschen länger aktiv. Ein bekannter Journalist hat einmal gesagt: »Es ist viel cooler, wenn auf der Visitenkarte ›Chefredakteur‹ steht als ›Rentner‹.«

Granny Aupair ist für Gerhard Naegele ein positives Beispiel. »Das Modell bietet Frauen eine Funktion, die wiederum zu Anerkennung führt und obendrein mit internationalen Kontakten verknüpft ist. Damit sorgt Granny Aupair für eine doppelt positive Umfelderfahrung. Wenn Menschen Anerkennung von außen bekommen, ändert sich ihre Selbstwahrnehmung.« Umgekehrt werden Arbeitnehmer, die aus dem Beruf gehen, »plötzlich entfunktionalisiert und bekommen deshalb eine andere gesellschaftliche Bedeutung«. In sozialem und bürgerschaftlichem Engagement sieht Professor Naegele sinnvolle »Kompensationsangebote«. Doch in Zukunft sei es entscheidend, eine Mischform von Arbeit und gesellschaftlichem Engagement für ältere Menschen zu schaffen. »Das setzt auch voraus, dass wir in Zeiten des demografischen Wandels über aktuelle Altersgrenzen hinaus das gesellschaftliche und soziale Älterwerden neu bedenken«, sagt der Gerontologe. Wie soll der Austritt aus dem Erwerbsleben zukünftig organisiert werden? Wie lassen sich verträgliche Übergänge auf dem Weg in den Ruhestand schaffen? Die Politik müsse mit Unterstützung der Tarifpartner neue Rahmenbedingungen schaffen. Das Ausscheiden aus dem Berufsleben, das Ende der Erwerbsbiografie, sei für viele Menschen eine essenzielle Erfahrung, ein Bruch. »Da tun sich zwar neue Freiräume auf, aber wie nutze ich diese neue Freiheit sinnvoll – wie fülle ich die gewonnene Zeit aus?« Entscheidend sei, dass man das, was man sich vorgenommen hat, auch irgendwie umsetzt. Natürlich unterscheiden sich die Wünsche und Träume der Menschen voneinander. »Jeder hat eine individuelle Perspektive davon, was er sich für sein Alter wünscht«, so Gerhard Naegele. Er persönlich möchte aktiv bleiben und weiter als Hochschullehrer in der Forschung arbeiten.

STATT ALT IM ABSEITS EIN LEBEN IN DER WOHLFÜHL-WG

Die »Zwei-Gesichtigkeit« des Alters, die Unterscheidung zwischen Hochbetagten und jungen Alten, spielt in der öffentlichen Betrachtung allenfalls eine untergeordnete Rolle. Die Realität wird von einem gewissen Hang zum demografischen Drama – Angst vor dem Pflegenotstand, Alzheimer und Rentenkürzungen – überlagert. Das verkauft sich in den Medien besser als ein differenzierter Blick in die Zukunft. »Die demografischen Szenarien, die häufig dargestellt werden, basieren obendrein auf veralteten Daten«, erklärt Ursula Staudinger. Die Alten bleiben heute länger gesund und leistungsfähig.

Jede Lebensphase spielt ihre eigene wichtige Rolle in der Entwicklung des Menschen, so Staudinger. Von Anti-Aging hält sie nichts, es könne ja nicht darum gehen, das Altern abzuschaffen. So propagiert sie also »Aging-well« – um »gut zu altern« hält sie u. a. soziale Aktivitäten und ein gelebtes Gemeinschaftsgefühl für wichtig.

Grete lebt seit ihrer Frühverrentung in einer Mehrgenerationen-Wohngemeinschaft, die von ihren acht Mitbewohnern als »Wohlfühl-WG« bezeichnet wird. Sie beschreibt das Leben dort so: »Wir achten aufeinander. Niemand ist allein – es sei denn, man will allein sein.« Man lebe zwar in abgeschlossenen Wohnbereichen, aber der Gemeinschaftsraum sei Treffpunkt für alle. »Hier ist immer was los«, sagt Grete. »Wir sitzen zusammen am Kamin, reden über alles, was uns auf dem Herzen liegt, oder lesen – dann herrscht zwar Stille, aber keine Einsamkeit.« Silke, die alleinerziehende Mutter in der WG, müsse sich nicht sorgen, wenn sie Überstunden macht. »Wir passen auf ihren Sohn Philipp auf, hören Vokabeln ab und machen mit ihm Schulaufgaben.« Für Oma Leni, die mit weit über 90 Jahren ihre Wehwehchen hat, ist Grete gern »die WG-Schwester«. Außerdem wird für Oma Leni mitgekocht. Grete beschreibt sich in der Wohlfühl-WG als »mittendrin« in doppeltem Sinne: »Ich liege mit meinem Alter im oberen Mittelfeld und bin bei allen Aktivitäten dabei.« Als sie als Aupair in Frankreich war, hat ihre WG in Saarbrücken sie schmerzlich vermisst. »Das tat gut!« Grete hätte eigentlich gern noch länger als Krankenschwester gearbeitet. »Doch die Spät- und Nachtschichten in der Onkologie haben mir physisch und psychisch zugesetzt«, sagt sie. Deshalb sei sie vorzeitig in den Ruhestand gegangen. »Das hat mir zunächst gar nicht gutgetan«, gesteht sie. »Ich war nachts oft wach, denn ich kam ja aus der vollen Aktivität. Plötzlich machte sich bei mir das Gefühl breit, nicht mehr gebraucht zu werden. Das war eine schreckliche Erfahrung.« Sie habe sich als wertlos empfunden und zeitweise unter depressiven Verstimmungen gelitten. Erst mit dem Umzug in die WG und durch ihren Einsatz als Granny Aupair sei die »alte Fröhlichkeit« zurückgekehrt.

»Wir konnten in einer Studie zeigen, dass Frühverrentung nicht automatisch glücklich macht«, sagt Ursula Staudinger, »vielleicht sogar im Gegenteil.« 85 Prozent der Befragten, die im Durchschnitt etwa ein Jahr in Frührente waren, wollten wieder arbeiten, wenn man sie ließe. Sie hatten aber auch klare Vorstellungen davon, wie diese Arbeit beschaffen sein sollte: flexiblere Arbeitszeiten, weniger Zeitdruck, mehr Autonomie bei der Arbeitsgestaltung. Aufgrund der unterschiedlichen Erwerbsbiographien ist die Identifizierung mit dem Beruf bei Männern meist stärker ausgeprägt als bei Frauen. »Frauen sind generell vielfältiger aufgestellt. Sie sind während des gesamten Lebens stärker sozial aktiv.«

Dafür ist Grete der lebende Beweis. Die emotionale Einbindung in ihre WG ist ihr ebenso wichtig, wie sich um andere zu kümmern. Übrigens: Die Ausübung eines Ehrenamtes ist zu einem hohen Prozentsatz Frauensache. Männer halten sich bei ehrenamtlichem Engagement eher zurück.

DER UMGANG MIT SEHR ALTEN MENSCHEN MACHT MUT

»Für die meisten Menschen ist es nicht erstrebenswert, sehr alt zu werden oder gar ewig zu leben«, weiß Christoph Rott zu berichten. Die Arbeitsschwerpunkte des Diplom-Psychologen drehen sich um körperliche Aktivität, funktionale Gesundheit und psychische Stärken im hohen Alter. Dr. Rott ist durch seine Studien zu Hundertjährigen und seine Arbeiten über Langlebigkeit und Hochaltrigkeit international bekannt. Er ist Mitglied der Projektgruppe »Aktiv für ein gesundes Altern in Baden-Württemberg« und Wissenschaftlicher Mitarbeiter am Institut für Gerontologie der Ruprecht-Karls-Universität in Heidelberg. »Selbstverständlich haben Hochaltrige noch Ziele«, sagt er. Diese erscheinen jüngeren Menschen häufig bescheiden oder gar unwesentlich, denn sie sind kurzfristig angelegt. Es gehe darum, das nächste Weihnachtsfest zu erleben, bei der Taufe des Ururenkels dabei zu sein, die Osterglocken im Garten noch einmal erblühen zu sehen oder beim nächsten Ostpreußentreffen Thüringer Klöße zu essen.

»Ich habe mich eigentlich schon mit 60 uralt gefühlt«, sagt Silvia. Jetzt, mit 73 Jahren, blickt die Münchnerin zuversichtlich in die Zukunft. »Das habe ich Fiete zu verdanken.« Als Granny Aupair hat die ehemalige Buchhalterin einem 94-jährigen Mann in Amsterdam drei Monate lang Gesellschaft geleistet. »Anfangs hatte ich große Bedenken«, gesteht sie. »Ich habe ja keinerlei pflegerische Erfahrungen – aber die brauchte ich bei Fiete auch nicht.« Fiete war nicht krank, nicht gebrechlich – nur alt. Und er war vor allem eins: einsam! »Alle Menschen, die mir jemals im Leben vertraut, wichtig und lieb waren, sind tot«, hatte er geschrieben. »Jetzt ist auch noch mein Sohn gestorben.« Er wünschte sich eine »junge Granny unter 90«, um mit ihr noch etwas zu unternehmen.

Für Silvia war Amsterdam mit einem uralten Traum verknüpft. Sie hatte sich als junge Frau in einen Holländer verliebt. »Es war eine romantische Geschichte mit traurigem Ausgang. Aber wir hatten eine wunderschöne Zeit in Amsterdam.« Deshalb wollte sie unbedingt wieder in diese Stadt reisen und für längere Zeit bleiben. Aber mit einem »Greis« unter einem Dach leben – das konnte sich Silvia anfangs nicht vorstellen. Doch nachdem sie mehrfach mit Fiete telefoniert hatte, war ihr klar: »Dieser Mann ist geistig topfit und ein wunderbarer Gesprächspartner.« Und so wagte sie die Reise.

Fiete und Silvia verstanden sich auf Anhieb prächtig. Abend für Abend saßen die beiden im Wintergarten und plauderten. »Jedes unserer Gespräche ging in die Tiefe und hat mir eine völlig neue Sicht aufs Alter eröffnet«, erinnert sich Silvia. Fiete sei zufrieden und durchaus glücklich mit seiner Lebenssituation gewesen. »Er war offen und trotz des schweren Verlustes durch den Tod seines Sohnes oft fröhlich und unternehmungslustig.« Tagsüber sind die beiden durch die Stadt gebummelt. »Er nahm den Rollator zu Hilfe, um sich sicherer bewegen zu können, aber das hat mir nichts ausgemacht«, sagt sie. »Wir sind sogar im Anne-Frank-Museum gewesen, haben anschließend über das Verhältnis zwischen Deutschen und Niederländern zur Zeit des Naziterrors diskutiert, und ich habe Fiete schließlich von meiner großen Liebe erzählt, die an den Vorurteilen seiner Eltern gegen eine deutsche Frau gescheitert ist.« Als sie im historischen Zentrum eine Grachtenfahrt gemacht haben, hielt man sie für Vater und Tochter. »Er hat gelacht und steif und fest behauptet, ich sei seine jüngere Freundin!« Es war eine innige Zeit, die beide sehr genossen haben. »Fiete war eins mit sich und der Welt, aber er betonte immer wieder, dass er nicht der letzte Überlebende seiner Generation sein will.« In diesen Worten lag keine Spur des Bedauerns, keine Trauer oder Depression. »Ich bin als Kapitän eines Frachtschiffs um die Welt gefahren, hatte eine wunderbare Frau und einen großartigen Sohn – ich war jetzt lange genug auf der Welt«, hat er gesagt. Für ihn hatte sich »sein Lebenskreis« geschlossen.

Die Ankunft der Granny Aupair und ihr Aufenthalt in Amsterdam waren für Fiete noch ein wichtiges Ziel im Alter. »Er wollte sich mit mir austauschen«, sagt Silvia. »Meine Tochter hat mich für verrückt erklärt«, erinnert sie sich. Sie habe kurz vor ihrer Abreise nur von »dem holländischen Greis« geredet und ihre Mutter vor einer Enttäuschung gewarnt. »Dabei hat Fiete mir so viel gegeben – die Zeit mit ihm war eine Bereicherung für mich. Mit ihm habe ich über den Sinn des Lebens und über meine Angst vor dem Sterben reden können.« Er habe ihr die Ängste genommen und Mut gemacht, sich dem Altern zu stellen. Sie beschreibt den alten Mann als weise, in sich ruhend. Seine Zufriedenheit hatte sicherlich auch damit zu tun, wie es gesundheitlich um ihn bestellt war: Fiete war für seine 94 Jahre fit und relativ mobil.

»Wenn die Beschwerden und Schmerzen zu groß werden, die gewünschten Aktivitäten zu sehr eingeschränkt sind und die psychischen Stärken, damit umzugehen, erschöpft sind, dann wird das Leben im hohen Alter als wenig lebenswert empfunden«, weiß Christoph Rott. Hinzu kommen die Einsamkeit und das Gefühl, als Letzter übriggeblieben zu sein. »Denn die meisten Menschen haben im hohen Alter den Partner, Freunde und manchmal sogar die eigenen Kinder verloren«, sagt Rott. Dann sei für viele Hochaltrige das Weiterleben nicht erstrebenswert.

Fiete hatte viele Fragen: »Ihn beschäftigte, warum gerade er so alt geworden ist. Wie alt ein Mensch überhaupt werden kann? Und warum niemand ewig lebt?«, erinnert sich Silvia. Er habe gescherzt: »Hoffentlich hat der liebe Gott mich nicht vergessen!« Seine Befürchtung, dass Holländer besonders alt werden, sah er durch Jopie Heesters als bewiesen an. Das Urgestein aller Entertainer ist mit 108 Jahren gestorben. Für Fiete war das keine angenehme Vorstellung. »Er starb wenige Wochen nach meiner Abreise aus Amsterdam kurz vor seinem 95.

Geburtstag«, berichtet Silvia traurig. Sie hatte am Abend vorher noch mit ihm telefoniert. »Man hat mir später erzählt, er sei mit einem Lächeln auf den Lippen einfach im Sessel eingeschlafen und nicht wieder aufgewacht.«

Fietes Fragen hätte Christoph Rott beantworten können: »Es gibt keine klar zu definierende biologische Obergrenze für ein bestimmtes Alter«, sagt er und stimmt darin mit Gerhard Naegele überein. »Das bisher nachweisbar erreichte Höchstalter sind 122 Lebensjahre. Die Französin Jeanne Calment ist damit die älteste Frau der Welt gewesen.« Sie ist 1997 gestorben. Und warum leben wir nicht ewig? »Das hängt damit zusammen, dass die allgegenwärtigen Reparaturprozesse in unserem Körper immer weniger effektiv ablaufen. Irgendwann funktionieren die Organe und Zellen nicht mehr so gut, dass Leben möglich ist«, sagt Rott. »Menschen sind von Natur aus nicht auf ein ewiges Leben, sondern auf Reproduktion ausgelegt«, erläutert er. Ziel der Natur sei die Arterhaltung und damit die Aufzucht von Nachkommen. »Dafür ist unsere Lebenszeit allerdings großzügig bemessen. Wir bleiben zwar nicht ewig jung, aber wir haben durch die Fortschritte in der Medizin und durch die Behandlung von Krankheiten viel Zeit geschenkt bekommen«, sagt Christoph Rott. Wir leben heute in Mitteleuropa in einem sicheren Lebensumfeld, müssen nicht hungern und haben im Hinblick auf unsere Versorgung im Laufe der letzten Jahrhunderte unglaublich viel erreicht. »Geschenkte Zeit, aus der wir jetzt was machen müssen.«

Was Rott in seinen Untersuchungen zur Hochaltrigkeit herausgefunden hat, deckt sich mit den Erkenntnissen anderer Gerontologen. Um das Lebenspotenzial, das wir haben, auszureizen, ist die Lebensweise entscheidend. Rauchen ist tödlich – und zwar früher als nötig! »Epidemiologische Studien belegen, dass man mit dem Rauchen sein Leben entscheidend verkürzt. Das wird den Rauchern nicht gefallen, aber das ist leider so.« Rauchen sei der Faktor, der bei allen Studien immer wieder am stärksten negativ durchschlage. Herz-Kreislauf-Erkrankungen verkürzten das Leben ebenfalls in nicht unerheblichem Maße. »Um diese Erkrankungen zu vermeiden, spielen körperliche Aktivitäten eine große Rolle.« Wer sich obendrein gesund ernähre und massives Übergewicht vermeide, erfülle positive Faktoren für eine Langlebigkeit.

Für den Diplom-Psychologen und Gerontologen ist ein aktiver Lebensstil ausschlaggebend. »Auf deutschen Turnfesten treffe ich immer wieder Turner, die 90 Jahre alt sind«, erzählt er. »Fragen Sie die einmal, ob die sich für alt halten!« Natürlich nicht. »Eigenverantwortung für unsere Gesundheit ist ein wichtiger Aspekt, um positiv zu altern.« Mobilität im Alter sei ein sensibler Punkt. »Wenn es schwierig wird, eine kleine Strecke zu Fuß zurückzulegen und sich mit Leichtigkeit zu bewegen, ändert sich im Alltag einiges.« Aber es gebe Menschen, die diese körperlichen Einschränkungen akzeptieren und sich sagen: »Gut, ich kann jetzt nicht mehr alles machen, aber mir bleiben andere Dinge, die mir Freude bereiten und meinem Leben einen Sinn geben.« Für Dr. Rott ist erwiesen: »Mit einer positiven Einstellung altert man anders.«

Bei Hundertjährigen wurde obendrein beobachtet, dass die Einbindung in eine Familie, in der der Hochaltrige Aufgaben hat und sich wohlfühlt, von großer Wichtigkeit ist. »Die familiäre Konstellation trägt dazu bei, dass diese Menschen so alt geworden sind«, so Christoph Rott. Soziale Kontakte und intakte Beziehungen zu Menschen, die man liebt, haben ganz direkte Effekte auf die Langlebigkeit, so auch seine Erfahrung.

»Fiete hat alles richtig gemacht«, sagt die Granny Aupair. Er war bis zu seinem 84. Lebensjahr aktiv in einem Ruderclub, hat alle Wege zu Fuß oder mit dem Rad zurückgelegt. »Als ich in Amsterdam war, gab es mindestens drei Mal in der Woche Fisch«, erzählt Silvia. »Fleisch hat Fiete gar nicht gegessen – und Fertiggerichte kamen ohnehin nicht auf den Tisch.« Der alte Mann hatte keine Mikrowelle und hat bis kurz vor seinem Tod noch selbst gekocht. Die Einkäufe hat eine Nachbarin für ihn erledigt, seit er nicht mehr so gut laufen konnte. »Doch als sein Sohn mit Mitte 60 starb, fühlte Fiete sich nicht mehr richtig wohl. Die Frage: Warum er und nicht ich? quälte den alten Mann. Auf der Beerdigung seines Sohnes hat er sich gegenüber seinen Enkeln und Urenkeln geradezu schuldig gefühlt.« Silvia hat er gestanden: »Ich wäre gern für meinen Sohn gestorben – es ist nicht natürlich, dass Kinder vor den Eltern sterben, egal wie alt sie sind!« Der Rest der Familie ist in der Welt verstreut. »Ich kenne diese Menschen kaum. Mein Enkel Willem lebt mit seiner Familie in Singapur, meine Enkelin Beatrix ist in Hamburg verheiratet.« Fiete war einsam.

»Wir werden nicht heute pensioniert und sind morgen vergreist«, betont Christoph Rott. »Die Lebensphase, die wir heute landläufig als alt bezeichnen, ist sehr lang. Sie kann von 65 Jahren bis weit über 100 dauern.« Altern ist ein normaler Entwicklungsprozess. Und die Alten sind wie auch die Kinder Teil der Gesellschaft und keine Außerirdischen, die als Störenfriede plötzlich aus dem Nichts in unser Leben ploppen. Außerdem sei die Vorstellung, dass alle Alten auf Hilfe angewiesen sind, falsch. »Die meisten wollen niemandem zur Last fallen.« Menschen mit sichtbaren Einschränkungen und Gebrechen würden die vielen positiven Erfahrungen mit alten Menschen überdecken, sagt Rott und ist sich darin mit Grete einig. »Alte Menschen sind etwas Wunderbares: Sie bringen mit zunehmendem Alter größere Gelassenheit auf, strahlen Ruhe aus, sind weniger egoistisch und nicht mehr ausschließlich auf sich selbst, Geld und Karriere fixiert. Dafür sind sie viel eher bereit, Verantwortung zu übernehmen«, so Rott.

Ihr Verantwortungsgefühl für nachfolgende Generationen ist stark ausgeprägt, viele machen sich Gedanken über die Zukunft der Kinder- und Enkelgeneration. Nicht die Angst vor dem Tod beschäftige sie am meisten. Es sei eher die Sorge um das Wohl der Gesellschaft, die hohe Staatsverschuldung, Umweltverschmutzung und die Schere zwischen Arm und Reich, sagt Rott. Das bestätigt auch Silvia. »Fietes größte Befürchtungen galten eventuellen kriegerischen Auseinandersetzungen. Dass Länder wie Pakistan, Nordkorea und der Iran über atomares Potenzial verfügen, hat ihn beunruhigt.« Seine Erinnerungen an den Zweiten Weltkrieg waren schrecklich. »Die jungen Leute kennen die

Schrecken des Krieges nicht mehr und haben deshalb den Respekt vor Waffengewalt weitgehend verloren«, hat er oft gesagt und gefürchtet, dass deutsche und niederländische Soldaten durch die Vereinten Nationen zu leichtfertig in Krisenherde geschickt würden. »Krieg ist kein Videospiel.«

Als Vorstand des Landesseniorenrats Baden-Württemberg ist Christoph Rott häufig mit Älteren zusammen. »Ihnen geht es weniger um Geld und Konsum als um die wirklich wichtigen Dinge.« Er rät allen älteren Menschen, sich stärker zu Wort zu melden und sich konstruktiv einzumischen. Eine Seniorenpartei à la Graue Panther lehnt er allerdings ab. »Was für die Älteren gut und wichtig ist, ist auch für die anderen Generationen gültig«, resümiert Rott. »Ältere Menschen, die mit Jüngeren in einer Partei zusammenarbeiten, können helfen, Lösungen für alle Generationen zu entwickeln.« So hat es auch Fiete gesehen: »Alle Generationen hängen voneinander ab – man darf die Alten nicht losgelöst von den Jungen betrachten«, waren seine Worte. Und Christoph Rott ergänzt: »Es ist wichtig, den Kontakt zwischen den Generationen zu fördern. Davon können am Ende alle nur profitieren.«

Granny Aupair sei im Zusammenspiel zwischen Jung und Alt eine wichtige Initiative. »Es kommt hinzu, dass es gerade für ältere Menschen wichtig ist, sich neuen Lebenssituationen auszusetzen«, sagt Rott. »Denn ein zentraler Aspekt, um positiv zu altern, sind neue Aufgaben und Aktivitäten, die dem Leben einen Sinn verleihen.« Sich auf Neues offen einlassen, soziale Beziehungen pflegen und Kontakte knüpfen, emotionale Bindungen halten, sich etwas zutrauen und positiv in die Zukunft schauen – das sind auch für Christoph Rott wichtige Bedingungen für gutes Altern. »Man sollte in die Zukunft ausgerichtet sein und sich nicht selbst alt machen!« Wenn jemand sagt: »Was morgen ist, interessiert mich nicht«, habe derjenige eigentlich schon mit dem Leben abgeschlossen. »Es muss auch im hohen Alter etwas Neues geschehen dürfen – etwas, was wichtig und positiv ist.«

Der alte Mann in Holland fehlt der Münchnerin sehr. Sie vermisst die Gespräche mit ihm, die netten Karten aus Amsterdam, die er ihr regelmäßig geschrieben hat, und die Grüße zum Geburtstag. »Fiete hat mir beigebracht, wie friedlich und entspannt man dem Ende des Lebens entgegengehen kann«, sagt Silvia. »Ich habe vor dem Tod keine Angst mehr. Aber bis dahin ist noch viel Zeit fürs Leben.«

HÖCHSTE ZEIT FÜR NEUE ROLLENBILDER

Frieda (69) hat nach ihrem dritten Einsatz als Granny Aupair – sie bezeichnet sich als »Wiederholungstäterin« – beschlossen, in eine kleinere Wohnung zu ziehen, um Geld für ihre Reisen zu sparen. Dafür mussten neue Möbel her. Gelsenkirchener Barock, Plüschsofa und Blümchentapete? Da hatte sich der Verkäufer des Einrichtungshauses geirrt. Frieda lacht. Die 69-Jährige mag fast leere Räume, in denen wenige Einzelstücke aus Chrom und Glas bestimmend sind. Ihre Vorliebe für schlichte Sachlichkeit hat in dem Einrichtungshaus für einige Verwirrung gesorgt. »Ich trage ja auch keine Faltenröcke«, sagt die Stuttgarterin ein wenig pikiert und verzieht die Mundwinkel. Wenn sie »shoppen geht«, ist die Dame ganz Diva: enger Rock, flotter Blazer, hochhackige Pumps, dazu passende Lederhandschuhe und Hut. »Der Hut muss allerdings ausgefallen sein«, sagt sie. »Sonst machen Hüte alt!«

Wenn Unternehmen in Zukunft im Geschäft bleiben wollen, müssen sie sich daran gewöhnen, dass »die Alten« einen individuellen Geschmack haben.

»Viele noch vorherrschenden Vorstellungen und Bilder vom Alter hängen einer früheren Zeit an«, weiß Frank Berner, Soziologe und Leiter der Geschäftsstelle Altenbericht des Deutschen Zentrums für Altersfragen (DZA) in Berlin, und stimmt darin mit Ursula Staudinger überein. »Die alten Großeltern prägen bei vielen Menschen nach wie vor das Bild des Altseins«, sagt die Wissenschaftlerin und fährt fort: »Wer sich ›jung-alt‹ fühlt, identifiziert sich ungern mit diesem Großelternbild.« Früher seien Menschen anders gealtert – vor allem wesentlich schneller als heute. »Mit dem Bild über das Alter hinkt die Gesellschaft dem Ist-Zustand hinterher«, so Staudinger.

Doch wie entstehen die Altersbilder in den Köpfen der Menschen? Schon bei den Kindern fängt es an: »Ich bin verblüfft, dass selbst meine zweijährige Tochter bereits Unterscheidungen vornimmt«, sagt Berner. Ältere Menschen, vielleicht mit grauen Haaren und Brille, bezeichnet das kleine Mädchen als »Oma« oder »Opa«, jüngere Menschen sind für sie »Frau« oder »Mann«. »Ganz offensichtlich entwickelt sie eine Vorstellung davon, was ›älter‹ und was ›jünger‹ bedeutet, zumindest äußerlich.« Was sie sonst bald über ältere Menschen denken wird, hängt sicherlich stark davon ab, wie sie ihre eigenen Omas und Opas erlebt. Wie die Tochter des Wissenschaftlers tastet sich auch die Gesellschaft vorsichtig an neue Altersbilder heran. »Derzeit wird nach neuen Begriffen und Deutungen gesucht. Zum Beispiel spricht man gerne von den jungen Alten, die sich in der dritten Lebensphase befinden, und von den alten Alten in der vierten Lebensphase.«

»Manchmal schaue ich im Bad in den Spiegel und denke: Du fühlst dich jünger, als du in Wirklichkeit aussiehst!«, sagt Frieda. »Dann muss ich über mich selbst lachen. Ich vermute, die Seele altert anders als die Haut.« Doch »den Verfall« des Körpers nimmt sie mit Humor und fragt scherzhaft: »Warum müssen all die Falten im Gesicht sein, wo doch auf dem Hintern so viel Platz ist?« Sie betont: »Trotzdem mag ich mich und will nicht für den Rest meines Lebens Salat knabbern und im Sportstudio verbringen, nur um die Optik meinem Empfinden anzupassen.« Der Körper verändere sich im Alter sowieso – ganz gleich wie besessen wir dagegen ankämpften. Die Einstellung »Alt sind immer nur die anderen« hat der Soziologe Berner bei vielen beobachtet. »Dieses Selbstbild hat den positiven Effekt, dass man sich jünger sieht und fühlt«, so der Wissenschaftler. Erst ab Mitte 80 würden die Befragten sagen, dass sie zu den Alten gehören.

Nachdem sie das Zufriedenheitstief mit 45 überwunden hatte und die »Rushhour des Lebens« – wie sie es nennt – vorbei war, hat Frieda sich auf das Wesentliche konzentriert. »Was bin ich froh, nicht mehr jung zu sein«, sagt sie heute. »Ich fühle mich frei von Zwängen, ich muss nichts – ich kann machen, was ich will«, beschreibt die geschiedene Arztgattin das neue Gefühl der Freiheit und schildert, was sie darunter versteht: »Ich treffe Freunde, wann und wo ich will, muss Partys nicht mehr aus gesellschaftlichen Gründen besuchen und so tun, als ob mich das belanglose Geschwätz interessiert.« Die Jagd nach Karriere, Geld und gesellschaftlicher Anerkennung sei vorbei. »Es lebe die Gelassenheit!«

Heute umfasst die Altersphase aufgrund der hohen Lebenserwartung zwei, manchmal sogar drei Jahrzehnte. »In längst vergangenen Zeiten hat man sich mit einem allmählichen Austreten aus dem Arbeitsleben quasi schon auf den Tod vorbereitet. Einen Ruhestand, wie wir ihn heute kennen, gab es ja nicht immer«, sagt der Altersforscher Berner. Diese Lebensphase müsse möglichst sinnvoll gefüllt werden – nicht nur individuell, auch gesellschaftlich. Dabei stelle sich die Frage nach neuen Rollen, die ältere Menschen in unserer Gesellschaft einnehmen können.

Doch da kann unsere auf jung-dynamisch gepolte Gesellschaft noch nicht so recht mitgehen. Selbst die Werbebranche tastet sich nur vorsichtig an die neue Zielgruppe heran. Der Markt sei nicht klar definiert, klagt die Branche. Die neuen Alten reisen um die Welt, laufen Marathon und ziehen in Wohngemeinschaften, sie besuchen Vorlesungen in Geschichte, Medizin und Ökologie und gehen als »Wutbürger« gegen Großprojekte wie den geplanten Bahnhof »Stuttgart 21« auf die Straße. Von wegen Spitzenblüschen und karitatives Kaffeekränzchen – auch, aber nicht nur! Kein Wunder, dass die Alten nicht so einfach zu fassen sind.

NICHT MEHR JUNG, ABER AUCH NICHT WIRKLICH ALT

»Das Tragische am Älterwerden ist, dass man sich jung fühlt«, sagt Frieda nicht ohne Selbstironie und bezeichnet die Jahre zwischen ihrem 50. und 60. Geburtstag als eine Zeit der Neuorientierung. »Das war eine Lebensphase, in der ich besonders intensiv über den Sinn meines Lebens nachgedacht habe«, erinnert sie sich. »Ich war nicht mehr jung, aber ich fühlte mich auch nicht alt.« Sie sei Granny Aupair geworden, weil sie sich wieder an die »Zukunftsfantasien« ihrer Jugendzeit erinnert hat. »Ich bin schon als junge Frau viel gereist, aber ich wollte mehr – den Mount Everest besteigen oder wenigstens im Himalaya wandern und in einem Entwicklungshilfeprojekt in Afrika als Ärztin arbeiten«, sagt sie. Sie hat das nie verwirklicht und jetzt mit 69 Jahren sei dieser Traum endgültig ausgeträumt.

Ihre alten Reisepässe hat sie aufgehoben und sie zeigt die abgenutzten Dokumente gern her. »In der Rolle als Frau eines Arztes habe ich mich ausgebremst«, meint sie und zieht einen Reisepass hervor, der bereits 1971 abgelaufen ist. »Jede Seite ist vollgestempelt. Das war zur damaligen Zeit außergewöhnlich.« Afrika hatte es ihr schon in jungen Jahren angetan, Bernhard Grzimek war der Held ihrer Jugend. »Ich bin allein aufgrund seiner Tierfilme bestimmt fünf Mal in Tansania gewesen, habe in der Serengeti eine Wanderung mit einem Führer gemacht und sogar versucht, den Kilimandscharo zu besteigen!« Sie ist dort gewandert, wo die Berghänge von den Menschen noch als Weideland genutzt werden. »Es lag ein Zitronenduft in der Luft, den ich nie vergessen werde.« Überall blühten die afrikanischen Veilchen. Ein Zwitschern und Tschilpen der überreichen Vogelwelt ist ihr noch heute in Erinnerung. Die Nektarfresser mit ihren gebogenen Schnäbeln und dem regenbogenfarbenen Gefieder hatten es ihr besonders angetan. Der Schneegipfel des Kibo und die Felszacken des Mawenzi blieben jedoch unerreicht. Frieda hatte damals einfach nicht die Kondition. »Ich habe es bis auf 3000 Meter Höhe in die Moor- und Heidegebiete geschafft«, sagt sie, doch zu gern wäre sie wenigstens noch in die Alpinzone und damit die Hochlandwüste gelangt. Es heißt, jeder, der einigermaßen fit ist, kann den Aufstieg über die Marangu-Route in fünf Tagen schaffen – doch eine Magen-Darm-Infektion machte Frieda dann endgültig einen Strich durch die Rechnung: Das Abenteuer Kilimandscharo musste vorzeitig beendet werden. Sie kehrte nach drei Tagen erschöpft um. Aber ihr Traumkontinent Afrika hat sie seither nie wieder losgelassen.

Nachdem sie verheiratet war, verlief ihr Leben wesentlich weniger abenteuerlich. Höhepunkt nach zehn Jahren Ehe war eine Safari in Südafrika. »Ich musste meinen Mann lange überreden. Dann sind wir wie zwei Gejagte durch den Krüger-Park gehetzt: Er bekam einen Anruf und musste früher in die Klinik zurück.« Ihrem Mann habe es in Afrika überhaupt nicht gefallen. Ihm sei nur wichtig gewesen, die Löwen zu sehen. Ansonsten habe er sich für das wunderschöne Land nicht interessiert. »Vielleicht gab es ja damals schon die Krankenschwester, die heute seine zweite Frau ist«, vermutet Frieda. »Nach unserer Scheidung bin ich dann jedenfalls aus Trotz für ein halbes Jahr allein nach Kapstadt gegangen – ich wollte es ihm zeigen.«

Sie sagt, sie hätte eigentlich bis ans Lebensende allein so weiterreisen können. »Aber mir fehlte am Ende doch ein tieferer Sinn in meinem Leben.« Im Internet habe sie dann systematisch recherchiert und nach einer sozialen Aufgabe gesucht. Sie hat sich durch Ehrenämter geklickt, Plattformen und Netzwerke für gemeinnützige Arbeit im Internet besucht, aber anfangs nichts Passendes gefunden.

Ihr Leben als Arztfrau sei »wie ein Formel-1-Rennen« an ihr vorbeigerauscht. Gleich nach ihrem Medizinstudium hat sie diesen vielbeschäftigten Kardiologen geheiratet, der als Ehemann eher durch Abwesenheit glänzte. Sie selbst hat nie als Ärztin gearbeitet. »Dabei wollte ich ursprünglich in den Entwicklungsdienst – wie Albert Schweitzer in einem Tropenkrankenhaus arbeiten.« Doch ihre beiden Kinder wurden relativ schnell hintereinander geboren, man zog in dieses übergroße Haus aufs Land und sie habe ein »stinknormales Hausfrauenleben« geführt. Die Zeit sei einfach vergangen, ohne nennenswerte Ereignisse. »Ruck, zuck waren meine Kinder erwachsen – und schneller als ich es mir vorstellen konnte, zogen sie zu Hause aus und ich war die meiste Zeit allein.« Später studierten Tochter und Sohn ebenfalls Medizin. »Ich habe mich wie eine verwaiste Mutter gefühlt – da eröffnete mir mein Mann, dass er sich von mir trennen will.« Die Ehe wurde geschieden, die Villa verkauft und Frieda zog in eine Penthousewohnung in Stuttgart. »Mein Mann hatte sich in eine OP-Schwester verliebt und hat mit ihr zum zweiten Mal eine Familie gegründet.« Sie sagt, sie hasse Klischees, aber ihr Leben sei so »kitschig und abgeschmackt« abgelaufen wie in einer Rosamunde-Pilcher-Verfilmung. »Als alles vorüber war, habe ich meinen 50. Geburtstag gefeiert und eine gehörige Depression auskuriert.« Dann habe sie ihre Wunden geleckt, sich neu ausgerichtet und sei wie damals in ihrer Jugend um die Welt gereist. »Es war auch eine Art Wegrennen, ein Verdrängungsprozess und meine Art der Kompensation von Verlust.« Frieda sagt rückblickend, sie habe eigentlich immer unabhängig sein wollen. »Was nicht heißt, dass ich ohne meinen Mann sein wollte.« Die Trennung schmerzt noch heute.

Als sie bei ihren Internetrecherchen auf Granny Aupair stieß, hat sie sofort beschlossen, ihre Jugendträume und sozialen Ambitionen wenigstens teilweise jetzt im Alter umzusetzen. »Ich habe mich an meinen Wunsch erinnert, meine medizinischen Fähigkeiten einbringen zu können, und bin darauf gekommen, für eine Weile zu einer Familie nach Südafrika zu gehen, die ein behindertes Kind hat.« Die deutschen Eltern – der Vater arbeitet für einen deutschen Autokonzern in Johannesburg – haben zwei quirlige, gesunde Mädchen in der Pubertät und Masingko, einen 15-jährigen Adoptivsohn, der seit einem Badeunfall querschnittsgelähmt ist. Für Frieda sollte mit ihrem Einsatz in Südafrika ein neuer Lebensabschnitt beginnen.

»Masingko hat sich anfangs ganz fürchterlich vor mir geschämt. Die Entleerung des Darms und alle weiteren pflegerischen Maßnahmen bereiteten ihm große Schwierigkeiten.« Doch der Umgang mit Hilfsmitteln bei Inkontinenz ist Frieda vertraut, wegen des Anlegens eines Katheters und des Urinalsystems machte sie kein Aufsehen, und dank dieser Selbstverständlichkeit konnte sich Masingko entspannen.

Schnell waren die beiden ein Herz und eine Seele. »Ich habe abends an seinem Bett gesessen und von meiner Kindheit in Deutschland erzählt, von Schnee und ausgelassenen Schlittenfahrten, unserem Weihnachtsfest und der nächtlichen Christmette.« Vertrauensvoll beichtete der Junge ihr schon bald von seinem Beschluss, sich mit dem Rollstuhl die Klippen in Kapstadt hinunterzustürzen, sobald er erwachsen sei. Frieda war erschüttert. Sie hat im Internet Filme von aktiven Rolli-Fahrern besorgt, die sportliche Höchstleistungen erreichen und sogar an den Olympischen Spielen teilnehmen. »Damit konnte sich Masingko identifizieren«, erzählt sie. Dann haben sie mit dem Rollstuhl allerlei Kunststücke trainiert. »Wir haben Fahrtechniken verfeinert, sind über schwierige Bodenprofile und Schwellen gefahren, im Sand und am Strand entlanggerollert, haben das Umfallen und Wiederaufrichten mit dem Rollstuhl geübt, sind Treppen hoch- und runtergefahren.« Sie haben so lange geübt, bis Masingko sich wie ein Meister gefühlt hat und in eine Rollstuhl-Rugbygruppe eingetreten ist. Frieda berichtet: »Das hat dem Jungen Sicherheit gegeben und Freude bereitet – auf einmal kamen sogar andere Teenager in seinem Alter zu Besuch und wollten mit dem ›coolen Typen‹ etwas unternehmen.«

Doch Masingko wollte mehr – er wollte Menschen helfen, die nicht behindert sind. Sein Vater, der sich ehrenamtlich in einem Projekt in der Aids-Aufklärung engagiert, nahm seinen Sohn und Frieda mit zu einer lokalen Aids-Gruppe in einem Arbeitervorort von Johannesburg, wo es um Informationen über Sexualpraktiken ging. Unter den Anwesenden herrschten viel Scham und Scheu. »Junge Afrikaner reden nicht so relaxed und locker über Sex, wie wir es aus Deutschland kennen«, berichtet die Granny. »Erst durch Masingkos Schilderungen seiner Behinderung konnten sich auch die anderen jungen Männer öffnen.« Frieda beschreibt ihre Erlebnisse in der Aids-Aufklärung mit viel Humor und denkt heute gern an die Infoveranstaltungen zurück. »Schon bevor ich das Wort ausgesprochen habe, ahnte ich die Reaktionen«, sagt sie und erinnert sich lachend an ihren ersten Vortrag zur Aids-Prävention. »Erwachsene Männer haben gekichert wie kleine Jungen, als ich ihnen die Funktion eines Kondoms erklärt habe.« Andere seien verschämt aus dem Saal gerannt, sobald das Wort Penis gefallen sei. »Es ist erschütternd, aber auch nicht ohne Komik, wie verklemmt erwachsene Afrikaner reagieren, wenn es um Safer Sex, Aids und HIV-Infektionen geht.« Dabei muss gerade südlich der Sahara dringend etwas gegen Aids getan werden. Masingko hat zusammen mit seinem Adoptivvater kostenlose medizinische Tests ausgegeben, zu dritt haben sie Familientage und Infoabende in Schulen und Gemeindehäusern der Townships veranstaltet und Comics zur Aids-Aufklärung verteilt. Frieda hat sich mit Masingko und anderen Jugendlichen ein Theaterstück zum Thema ausgedacht und es in Schulen aufgeführt. »Es war ein voller Erfolg.«

Als nach einem halben Jahr der Tag der Abreise gekommen war, ist sie von über fünfzig jungen Menschen zum Flughafen begleitet und verabschiedet worden. »Mitten in dem Pulk sah ich einen jungen Mann im Rollstuhl – meinen Masingko.« Frieda muss noch heute ihre Tränen herunterschlucken, wenn sie an den Abschied in Johannesburg denkt. »Ich bin nicht aus der Welt«, hat sie dem Jungen zugerufen und sich rasch umgedreht, damit er sie nicht weinen sah. Gleich nachdem sie durch die Sicherheitskontrolle gegangen war, fand sie eine SMS auf ihrem Handy: »Come back – SOON!«

Als Abschiedsgeschenk hat die Familie ihr eine Reise an den St.-Lucia-See geschenkt, ein von der Unesco als Weltnaturerbe unter Schutz gestelltes Wildtierparadies. »Es war eine ganz besondere Reise, eine Reise ins Reich meiner Träume, die Jahrzehnte später in jeder Hinsicht Wirklichkeit geworden sind«, sagt sie. In der südafrikanischen Provinz KwaZulu-Natal hat die Granny Schirmakazien fotografiert, die für ihre Lieblingstiere, die Giraffen, ein besonderer Leckerbissen sind. »Dank ihrer langen Hälse können sie locker die Blätter in den Kronen abknabbern«, berichtet sie. Frieda war auch fasziniert von den Krokodilen am Seeufer, die sie mit dem Fernglas ins Visier nahm. »Wie die rennen können – erstaunlich. So plumpe Tiere und so schnell zu Fuß!« Auf ihrer Reise hat sie in den traditionellen Rundhütten in einem Zulu-Dorf Unterkunft gefunden und auf dem Boden geschlafen. Unterwegs hat sie viele Souvenirs gekauft – meist aus Mitleid. »Die Frauen stehen in ihren bunten Gewändern an der Straße und bieten geflochtene Bastkörbe und andere Handarbeiten an.« Überall wurde sie offen aufgenommen. »Die Menschen haben mich mit ihrer Freundlichkeit und Unbeschwertheit angerührt, besonders die Kinder.« Sie hat beobachtet, dass selbst die Kleinen frühmorgens lange laufen müssen, um Wasser zu holen, statt eine Schule zu besuchen. »Es ist unglaublich, worüber wir uns in Deutschland aufregen, wenn man mal die Lebensumstände in Afrika erlebt hat«, das ist auch ihr Fazit. Sie sagt, sie sei ausgeglichener und ruhiger nach Deutschland zurückgekehrt. Ihre Prioritäten hätten sich verschoben, was gestern noch wichtig war, sei heute bedeutungslos. »Schon aus diesem Grund hat es sich gelohnt, den Weg zu gehen.«

Frieda ist ein offener Mensch. Sie geht auf die Menschen zu und es fällt ihr nirgendwo auf der Welt schwer, Kontakte aufzubauen. »Zum Glück bin ich immer Optimist gewesen!« Sie macht sich keine Gedanken darüber, älter zu werden, und hat nach ihrem Aufenthalt in Südafrika beschlossen: »Solange ich gesund bin, werde ich auch unterwegs sein.« Sie war danach als Granny Aupair in Ägypten und will jetzt nach Thailand. »Es ist erstaunlich, wie unterschiedlich die Menschen in Deutschland auf meinen Einsatz reagieren«, sagt sie. »Da heißt es auf der einen Seite: Du als Arztfrau – hast du das nötig?« Andere Menschen hingegen hätten sie bestärkt, bewundert und sogar beneidet. »Meine Kinder haben nur gesagt: Wenn es nicht klappt, Mami, dann kommst du eben wieder nach Hause.«

KLEINE RISIKOANALYSE

Der Weg ist da, wo die Angst ist! Jeder muss für sich entscheiden, wie weit er ihn zu gehen wagt. Wenn man sich ganz sachlich mit den persönlichen Risiken auseinandergesetzt hat, sieht man klarer – und kann sich auf die Reise begeben oder zu Hause bleiben.

WER WAGT, GEWINNT – ODER AUCH NICHT …

Es gibt Grannys, für die der Trip eine Enttäuschung war. Es hat ihnen nicht so gut gefallen. Einige wenige haben die Gastfamilie sogar fluchtartig verlassen. Die Gründe dafür sind vielfältig, schließlich treffen fremde Menschen aufeinander. Die Gastfamilie holt sich eine Unbekannte nach Hause – also in den privatesten Bereich. Für die Granny spielen gleich mehrere Unsicherheitsfaktoren eine Rolle. Für sie sind auch das Land, die Lebenssituation, die Sprache und der Kulturkreis fremd. Bei aller Euphorie darf man nie vergessen, dass Traum und Wirklichkeit nicht immer übereinstimmen. Zu hochgesteckte Erwartungen sind selten deckungsgleich mit dem Alltag. Wer die Komfortzone »Heimat« verlässt, muss offen sein für Neues – sonst geht die Reise schief.

Rebellische Kinder in der Gastfamilie können ein Problem sein. So fand Petra (59) nie richtig Anschluss an die Familie, denn die Bambini waren verzogen, ungehorsam und haben die Granny tyrannisiert. Petra fühlte sich wie ein Kindermädchen behandelt, sie war einsam, aber sie ist nicht abgereist, sondern hat das Beste aus der Situation gemacht. Sie belegte einen Italienischkurs, schaute sich Rom an und genoss das Dolce Vita.

Auch Rita (61) hat nicht nur Positives erlebt. Die Berlinerin kam zu einer Familie mit drei Kindern in Barcelona. »Das könnte schwierig werden«, sagte ihr Bauchgefühl schon nach einer Woche. Die Atmosphäre war angespannt, die Mutter oft gestresst, die Kinder energiegeladen und fordernd. Aber Rita hat selbst drei Kinder großgezogen. Sie schluckte ihren Ärger herunter und machte gute Miene zum bösen

Spiel, denn sie wollte Barcelona sehen und erleben. Um sich den lang gehegten Traum zu erfüllen, ließ sie sich auf Kompromisse ein. Doch nach drei Monaten packte sie doch vorzeitig die Koffer. Sie fühlte sich für die vielen geleisteten Arbeitsstunden im Haushalt nicht angemessen entlohnt. Trotzdem gewinnt Rita dem Aufenthalt etwas Positives ab: »Ich hake die Zeit in Barcelona als sehr interessante menschliche Erfahrung ab«, sagt sie.

Das Thema Geld kann für Ärger und Unzufriedenheit sorgen. Manche Grannys erwarten, dass alles »umsonst« ist, oder sie fühlen sich von den Familien »ausgenutzt« und »unterbezahlt«. Doch es geht nicht um einen Auslandsjob, das Geldverdienen ist allenfalls ein positiver Nebeneffekt, darf aber keinesfalls zum Hauptgrund für die Reise werden. Das Konzept »Aupair« beruht nun mal auf Gegenseitigkeit. Im besten Fall ist es für beide Seiten – wie man heute so schön sagt – eine Win-win-Situation, eine Begegnung zwischen Menschen, die sich ansonsten nie kennengelernt hätten.

ALLE UNTER EINEM DACH

Im Vordergrund stehen der kulturelle Austausch, das Eintauchen in ein fremdes Land und das Zusammenleben von Jung und Alt. In Ländern Südeuropas, Asiens und Afrikas wohnen mehrere Generationen unter einem Dach. Das ist für alle Beteiligten – aber ganz besonders für eine Granny – eine große Herausforderung. Diese Lebensform ist heutzutage in nördlichen Breitengraden selten geworden. Zwar werden auch hierzulande künftig generationenübergreifende Wohn- und Lebensstrukturen wichtiger werden, Architekten planen heute schon Mehrgenerationenhäuser, doch dabei wird häufig vergessen, dass durch die »Versingelung« viele Menschen nicht mehr daran gewöhnt sind, mit mehreren Generationen zusammenzuleben.

Einige Grannys führen seit vielen Jahren ein Singledasein und können in ihren eigenen vier Wänden tun und lassen, was sie wollen. Sie haben vergessen, wie es ist, sich anzupassen, Rücksicht zu nehmen und Kompromisse einzugehen. Sie müssen in Deutschland niemandem mehr Bescheid sagen, wenn sie abends ins Kino gehen oder ein verlängertes Wochenende für eine Tour ins Grüne planen. In einer Gastfamilie aber tauscht die Granny ihre persönliche Freiheit und Selbstbestimmtheit in einer geräumigen Stadtwohnung vielleicht gegen ein winziges Zimmer – es ist schon vorgekommen, dass das Kind der Gastfamilie sein Bett für die Granny aus Deutschland räumen musste. Der einen Granny ist die Matratze zu hart, der anderen zu weich. Sie teilen sich das Badezimmer mit den Kindern, die ihre langen Haare nicht aus dem Ausguss entfernen und die Handtücher mit Zahnpasta beschmieren.

Greta (64) verließ ihr kleines Häuschen auf dem Lande in Bayern und reiste für ein paar Monate nach Hamburg, um bei einer alleinerziehenden Mutter von vier Kindern im Alter zwischen drei und zwölf Jahren in einer Etagenwohnung zu leben. »Ich musste mich erst einmal an den enormen Lärmpegel und die Unordnung der vier Kinder gewöhnen«, erinnert sich Greta und lächelt mild. Viel Privatsphäre hatte die ehemalige Stewardess in der Zeit nicht. Sie lebte mit einem der Kleinen im Kinderzimmer. »Es war eine intensive, aber sehr schöne Zeit.« Sie habe die Turbulenzen und das Chaos genossen und sich dann zwischendurch abgesetzt, um die Hansestadt zu erkunden. »Das Gefühl, gebraucht zu werden, hat mir unendlich gutgetan.«

WER ANPASSUNGSFÄHIG IST, HAT'S LEICHTER

Heimweh ist eine Krankheit, die keine Altersgrenzen kennt. Die Grannys verlassen oft über Monate Haus und Heimat, ihren Lebenspartner und die Kinder, Freunde oder die alten Eltern. Es gibt Grannys, die ihre Haustiere in Pflege geben, sich für einige Wochen von Hund & Katze trennen und das später bereuen. Genauer gesagt: Sie tauschen ein geregeltes, wohlgeordnetes Leben mit festgefahrenen Alltagsstrukturen gegen ein Abenteuer auf Zeit mit unbestimmtem Ausgang. Doch gerade darin liegt auch der Reiz. Trotzdem sollte sich jede Frau genau überlegen, ob sie körperlich und mental in der Lage ist, Heim und Herd zurückzulassen und die Herausforderung anzunehmen. Frauen, die die Idee am Anfang überhöhen und zu euphorisch an die Sache herangehen, werden deshalb von den Mitarbeitern der Agentur »geerdet«. Endlich scheint die Zeit reif, in der ein verborgener Traum in Erfüllung geht. Manche Frauen leiden vor Aufregung unter schlaflosen Nächten. Doch je emotionaler die Herangehensweise ist, desto stärker sind in der Folge die Zweifel. Dann werden krampfhaft Gründe gesucht, die das Vorhaben manchmal noch kurz vor der Abreise zum Scheitern bringen. Das Gedankenkarussell dreht sich: Was ist, wenn mir die Familie nicht gefällt? Warum soll ich bei einer fremden Familie arbeiten? Was sagen meine Freunde und Nachbarn? Erfahrene Grannys kennen diese Bedenken. Sie wissen, dass Unsicherheiten Ausreden kreieren, die sich lähmend auswirken und die Entscheidungsfreiheit behindern.

Jede Granny muss sich fragen: Will ich das wirklich? Habe ich den Mut, mein Leben für eine gewisse Zeit radikal zu ändern? Die innere Haltung muss stimmen, die Erwartungen dürfen nicht zu groß sein. Ein kluger Kopf hat einmal gesagt: »Es kann nur gelingen, was auch misslingen darf!« Dieser Satz trifft auf das Risiko Granny Aupair hundertprozentig zu. Es ist wichtig, den persönlichen Druck aus diesem außergewöhnlichen Vorhaben herauszunehmen.

Doch unterm Strich betrachtet sei die Frage erlaubt: Was kann denn schon passieren? Granny Aupair ist ein Ausstieg auf Zeit. Das Rückflugticket ist gebucht, die Dauer des Aufenthaltes ist absehbar und er kann jederzeit abgebrochen werden. Eine Granny, die bei einer Familie in Portugal war, hat es so formuliert: »Wir sind alle erwachsen. Wenn es mir nicht gefällt, schaue ich mir allein das Land an und fliege, um Erfahrungen reicher, wieder nach Hause.«

»Entscheidend ist, was man sich selbst von dieser Zeit verspricht«, hat die Soziologin und Gerontologin Dörte Naumann vom Deutschen Zentrum für Altersfragen in Berlin einmal gesagt. Niemand erfährt an jedem Tag höchste Wertschätzung für seine Arbeit. Aber vielleicht wird man als Dankeschön für die Hilfe zum Familienmitglied auf Zeit, bekommt Zuneigung, Respekt und so eine Form von Nähe.

Eins darf die Aupair-Zeit nicht sein: eine Flucht vor dem eigenen Leben. Ganz gleich wie weit man verreist, am Ende trifft man sich selbst! Gastfamilien sind keine Therapiegruppen für Trauernde, Frustrierte oder vom Leben enttäuschte Frauen – sie können Probleme vielleicht lindern, aber nicht lösen. Am glücklichsten kehrten die weltoffenen, reiseerfahrenen und kommunikativen Frauen zurück. »Ein Quäntchen Humor ist nicht hinderlich – damit lassen sich Konflikte leichter lösen«, rät eine Granny. Einen guten Ratschlag hat auch Greta bereit, die bereits zwei Mal als Granny Aupair unterwegs war. Sie hat es in einem Interview so formuliert: »Flexibilität und die Fähigkeit, sich auf fremde Gegebenheiten einzulassen, sind wichtige Eigenschaften einer Granny. Wenn man nicht bereit ist, auf gewisse Dinge und Vertrautes zu verzichten, dann sollte man nicht als Granny reisen!« Im Vorfeld sollte so viel wie möglich und nötig abgesprochen werden. Zentrale Fragen sind: Wo und wie bin ich untergebracht? Welche Möglichkeiten für die Freizeitgestaltung gibt es? »So erlebt man später keine bösen Überraschungen.« Greta, eine ehemalige Stewardess, betont: »Ich würde niemandem raten, sein Glück in einer fremden Familie zu suchen, wenn man zu Hause aufgrund von physischen oder seelischen Problemen nicht zurechtkommt. Das kann nicht funktionieren.« Ihr stimmen mehrere erfahrene Grannys zu. »Man kann nicht davon ausgehen, akzeptiert zu werden.« Die Zeit als Granny sei nur dann ein Gewinn, wenn man sich vorher mögliche negative Aspekte bewusst gemacht habe. Der Aufenthalt in einer fremden Familie oder in einem sozialen Projekt kann immer schiefgehen. »Mut, Toleranz und ein gewisses Maß an Selbstbewusstsein gehören dazu«, sagt Greta. »Dann kann die Zeit eine wirkliche Chance sein, sich von der etablierten Routine zu entfernen, um ein Stückchen Freiheit zu gewinnen.«

Das Risiko, am Ende womöglich zu scheitern, darf nicht dazu führen, dass man im Alter keine Pläne mehr schmiedet. Unsere Gesellschaft pflegt nach wie vor das Bild einer erstarrten, unflexiblen Altengeneration, der man größere Veränderungen ohnehin nicht zutraut. Dabei können sich Menschen bis ins höchste Lebensalter verändern und entwickeln, was die Wissenschaft mit dem Begriff der »Plastizität des Alters« beschreibt. Doch viele Betroffene übernehmen diese Vorurteile und glauben, dass sich neue Projekte im Alter nicht mehr lohnen. Dabei wirkt gerade der Aufbruch in eine andere Welt oft wie eine Verjüngungskur.

Viele Grannys berichten nach einem Auslandsaufenthalt, ihr Leben habe einen neuen Dreh bekommen, sie seien jetzt selbstbewusster und aktiver als vorher. »Ich bin so stolz auf mich! Dass ich das Abenteuer gewagt habe. Das Visum für Indien habe ich selbst beantragt, die Reise allein organisiert – all das hätte ich mir vorher nicht zugetraut. Jetzt weiß ich, ich kann noch viel mehr.« Anna-Maria (59) ist seit Kurzem geschieden. Ihr Mann hat sich früher stets um alles gekümmert. Jedes Mal, wenn sie etwas allein wagen wollte, hieß es nur: »Lass mal, ich mach das schon – davon verstehst du nix, das kannst du nicht!«

Andere Grannys werden nach ihren Auslandserfahrungen kreativ: Sie fangen an zu malen, machen Musik, belegen Tanzkurse oder schreiben sich an der Universität ein. Viele lernen eine weitere Fremdsprache. Manche Frauen sind so beflügelt nach Deutschland heimgekehrt, dass sie sogar offen für eine neue Liebe waren. Wie Ulrike (69) aus Köln. Sie hat mehrere Monate in Südafrika als Gesellschafterin in einem Seniorenheim geholfen. »Kapstadt ist das Beste, was mir in den letzten Jahren passiert ist«, sagt sie. »Ich fühlte mich rundherum wohl in meiner Haut – das Land, das Klima, die Menschen, einfach alles war flamboyant!« Dieses Wort in der Burensprache Afrikaans hat ihr ein

Mann beigebracht – »die Liebe meines Lebens«. Gemeinsam sind sie mit einem Motorrad, einer Harley Davidson, von Kapstadt aus hochgefahren Richtung Durban. Sie fühlte sich frei, unbeschwert und jung. »Ich habe mich nicht nur in das Land verliebt, sondern auch mein privates Glück gefunden.« Einige Grannys kamen so begeistert und erfüllt von ihrem Abenteuer zurück, dass sie sofort wieder loswollten.

Zu Beginn einer Reise gibt es meistens Eingewöhnungsschwierigkeiten. Die Flut der neuen Eindrücke, die fremde Sprache, der andere Umgang der Menschen miteinander, das ungewohnte Essen und das Klima überwältigen viele Frauen. Es ist ratsam, sich gerade in dieser Zeit intensiv mit der Familie auszutauschen. Das ist manchmal aufgrund der fremden Sprache nicht einfach. Aber wenn die Chemie stimmt, klappt es meist auch mit der Kommunikation. Wer nicht miteinander redet, wer spekuliert und herumrät, verkompliziert die Sache. Wie war das jetzt gemeint? Warum gucken die mich so seltsam an? Kann ich mich abends einfach mit aufs Sofa vor den Fernseher setzen? Oder will die Familie lieber für sich sein? Wie signalisiere ich, dass ich mehr Zeit für mich brauche, Abstand und mehr Privatsphäre wünsche? Welche Aufgaben werden von mir erwartet? Klare Absprachen sind wichtig, aber manchmal ist Einfühlungsvermögen wichtiger. Nicht nur die Granny stellt sich diese Fragen – die Familie ist auch unsicher. Auf das Experiment lassen sich immer zwei Seiten ein. Wie geht man mit der neuen Situation um? Jeder tut das auf seine Art und Weise. Das eine Familienmitglied demonstriert Präsenz und verteidigt sein »Revier«, andere ziehen sich zurück. Kinder reagieren meist direkt, sind manchmal bockig und ablehnend. Sie sagen Sachen, die keine Granny gern hört: »Wir wollen keine alte hässliche Oma! Was ist, wenn sie bei uns stirbt?« Solche Sätze sind gefallen … Der Herr des Hauses verkriecht sich manchmal und verstummt. Er will eigentlich Sport im Fernsehen gucken und dabei in der Jogginghose auf der Couch lümmeln – da stört die Ausländerin. Hausfrau und Granny tragen hin und wieder »Kochwettbewerbe« aus. Dann wird die Küche schnell zum Minenfeld. Wer kocht besser – was schmeckt der Familie besser?

Manche Menschen haben gewöhnungsbedürftige Eigenarten. Eine Mutter aus England beklagte sich, dass ihre Granny zur Entspannung Zigaretten geraucht hat. Man habe sich ansonsten gut verstanden, aber das Rauchritual am Abend sei für die Kinder nicht vorbildlich gewesen. Es menschelt beim Austausch zwischen Grannys und ihren Familien oft gewaltig. Manchmal stellt man erst Wochen später fest, dass es nicht passt. Einige Grannys mussten sich eingestehen, dass das kleine Abenteuer sie überfordert hat.

Doch nur sehr wenigen hat es überhaupt nicht gefallen. Die Gründe sind meist persönlich und nicht zu verallgemeinern. Anneliese (59) war in London bei einer deutschstämmigen Familie. Sie hat sich über den rüden Ton in der Familie beschwert. Man habe sie behandelt wie ein Dienstmädchen. Bevor der Mann morgens das Haus verließ, habe er kurze Anweisungen in ihre Richtung gerufen: »Wäsche aufhängen – Spülmaschine ausräumen!« Anneliese fühlte sich missachtet und reiste ab. Die nachfolgende Granny aber blieb ein Jahr! Sie war glücklich mit »ihrer« Familie. Durch sie habe sie viel von London gesehen. »Wir besuchen uns bis heute regelmäßig. Ich bin längst keine Granny mehr, sondern eine Freundin.« Dieses Beispiel zeigt, wie verschieden Menschen aufeinander reagieren.

Jede einzelne Reiseerfahrung ist individuell – denn jede Granny, jede Familie, jede Situation in dem jeweiligen Land ist einzigartig. Ein Gedankenaustausch mit reiseerprobten Grannys hilft Neulingen deshalb meist nicht weiter. Die Entscheidung kann einem niemand abnehmen. Wichtig ist die innere Haltung, die man zu dem Vorhaben hat. Wer sich selbst ausbremst, macht es den Miesmachern, den Kritikern und Bedenkenträgern von außen leicht. Dann wird jede negative Äußerung auf die Goldwaage gelegt.

ACHTUNG, DIE AUSBREMSER KOMMEN

Natürlich gibt es auch den inneren Schweinehund, der lieber in der stabilen Seitenlage mit der Fernbedienung in der Hand auf der Couch liegen will. Jeder findet Entschuldigungen, warum man etwas nicht tut. Aber die größten Probleme verursachen Miesmacher, die oft nur neidisch sind und ihre eigenen Ängste auf andere projizieren. Diese kleine Auswahl an Argumenten verdeutlicht, was Menschen sich anhören müssen, die etwas Neues wagen wollen: »Das klappt nie!«, sagt die Freundin. »Das wirst du bereuen«, sagt die Verwandtschaft. »Das macht man nicht«, sagt die Nachbarin. »Dass du uns allein lässt«, sagen die erwachsenen Kinder. »Das kann nur schiefgehen«, prophezeien die Pessimisten. »Du lässt dich ausnutzen«, vermuten die Materialisten.

Es ist nicht leicht, Schuld- und Pflichtgefühle, Wertvorstellungen, Konflikte und von außen herangetragene Moralvorstellungen über den Haufen zu werfen und sich seine Bedürfnisse und Träume bewusst zu machen und diese zu leben. Einschränkungen können im Laufe eines Lebens verinnerlicht und zur Gewohnheit geworden sein. Die Geschichte von Brigitte (62) aus Gelsenkirchen ist typisch für Frauen dieser Generation, die häufig ihre Bedürfnisse den Forderungen anderer unterordnen und lieber verzichten, als sich durchzusetzen.

SAN FRANCISCO ADE!

Brigittes Bewunderung gehörte schon immer den Auswanderern, den Lebenslustigen und Wagemutigen. Sie selbst ist eine schüchterne Frau.

Nicht ohne Neid beobachtete sie jahrzehntelang, wie selbstbewusst andere durchs Leben gehen. Sie stellte sich oft die Frage, wie sie ihren Bedürfnissen Raum geben und ihre Träume ausleben könnte. »Als Frau musst du bescheiden sein«, das hatte ihre Großmutter immer gesagt – und daran hat sich Brigitte ein Leben lang gehalten. Jetzt ist sie selbst Großmutter, doch ein starkes Gefühl ist in der 62-Jährigen lebendig geblieben: das Fernweh! Wie gebannt saß sie schon als junges Mädchen vor dem Fernseher, wenn Reiseberichte über ferne Länder über den Bildschirm flimmerten. Doch ihr eigenes Leben verlief in engen Bahnen.

Schon als Kind war Brigitte daran gewöhnt, sich zurückzunehmen. Sie wurde zur Zeit des großen Zechensterbens im Ruhrgebiet geboren. Der Vater war Reviersteiger und Sprengmeister auf der Zeche Dahlbusch in Gelsenkirchen, die Mutter war Hausfrau. Die Familie lebte in bescheidenen Verhältnissen in einer Bergbausiedlung. Als die Zeche geschlossen wurde, fehlte es an Geld. Die Eltern beschlossen, Brigitte nicht auf eine weiterführende Schule zu schicken, obwohl das Mädchen als Klassenbeste dazu geeignet gewesen wäre. »Ich sollte nach der Volksschule eine Lehre machen, mitarbeiten und schnell Geld nach Hause bringen.« Nur der Bruder durfte aufs Gymnasium und später sogar studieren. Mädchen heiraten eh, hieß es. Doch die Klassenlehrerin setzte sich für das begabte Kind ein und sorgte dafür, dass Brigitte wenigstens einen Realschulabschluss machen konnte. Beim Hausarzt der Familie absolvierte sie später eine Ausbildung zur Sprechstundenhilfe. »Mein ganzes Geld musste ich zu Hause abliefern«, erinnert sie sich. Sie beschreibt sich als unglücklichen Teenager in einer Zeit, in der unter den jungen Leuten überall Aufbruchstimmung herrschte. »Da waren die Studentenproteste gegen festgefahrene Strukturen und die Lebensphilosophie der Hippies – Love and Peace, aber vor allem die Freiheit, das zu tun, was sie wollten.« Kalifornien – da wollte sie hin. »Der Hit ›San Francisco‹ von Scott McKenzie war mein absolutes Lieblingslied – ich habe es Tag und

Nacht gehört und mir vorgestellt, wie ich dort durch die Straßen laufe und Blumen im Haar trage …« Die Eltern hatten immer häufiger Streit und Brigitte wollte nur eins: von zu Hause weg! Auf der Suche nach einer eigenen »glücklichen Familie« verliebte sie sich mit 18 in ihren Uli. »Er hatte lange Haare, trug enge Jeans und träumte wie ich von Amerika.« Ein Jahr später war sie ungewollt mit Karola schwanger. »Wir gingen nie aus und mein Leben war bestimmt von Pflichterfüllung«, resümiert sie. Als Tochter Karola noch kein Jahr alt war, ließ Uli sie wegen einer anderen Frau sitzen. »Von diesem Zeitpunkt an funktionierte ich nur noch«, sagt Brigitte leicht deprimiert. Wenn sie Bilanz zieht, klingt das heute so: »Ein großer Teil meiner Lebenszeit ist rum: Was wird jetzt aus mir?« Ihr Fazit klingt bitter: »Ich habe mich zwischen Verantwortung, Pflichterfüllung und finanzieller Not aufgerieben, ich bin als Person völlig in den Hintergrund getreten und habe allein nicht die Kraft, da rauszukommen.«

Seit der Geburt ihres Enkels Steven ist sie ihrer Rolle als Oma intensiv nachgekommen. Sie hat ihn gehütet und versorgt, gewickelt und gefüttert, später mit ihm Hausaufgaben gemacht und den schlechten Schüler auf einen Realschulabschluss hin getrimmt. »Karola und Steven waren es gewohnt, dass ich für sie auf Abruf verfügbar war.« Brigitte beschreibt ihre Rolle für die alleinerziehende Tochter nicht ohne Bitterkeit als »Putzfrau, Köchin, Kindermädchen und bei finanziellen Engpässen auch immer eine feste Bank«. Sie sei stets eingesprungen, wenn die Tochter Hilfe brauchte. Musste Karola länger im Büro bleiben und Überstunden machen, genügte ein Anruf und Oma Brigitte hat den Enkel betreut. War das Auto kaputt, hat sie die Reparatur von ihren Ersparnissen bezahlt. Heute macht der Enkel eine Lehre als Automechaniker, hat viele Interessen und besucht seine Oma kaum noch. »Ich bin irgendwie abgeschrieben«, sagt sie enttäuscht: »Ich mag es, gebraucht zu werden – und Steven braucht mich jetzt nicht mehr so wie früher.« Seit der Enkel auf eigenen Beinen steht, ist der uralte Reisewunsch in Brigitte wieder wach geworden: »Ich wollte endlich mal für längere Zeit raus aus Deutschland, mein Leben noch einmal aktiv angehen – ich wusste nur nicht so richtig, wie ich es anstellen sollte.«

Eines Tages schien die Lösung ganz nahe: Brigitte las beim Arzt im Wartezimmer einen Artikel über Frauen, die als »Leih-Omas« ins Ausland reisen. Sie reagierte sofort euphorisch und war entschlossen, »die Reise ihres Lebens« anzutreten. »Ich wollte endlich auch etwas wagen.« Auf einmal war nur noch ein Gedanke in ihrem Kopf präsent: »Jetzt bin ich dran!« Da erschien die Möglichkeit, nach Kalifornien zu gehen, die perfekte Lösung zu sein. »Es wurde sofort konkret«, erzählt sie. »Da gab es einen Zitrusfrüchtefarmer in Santa Ana im Süden Kaliforniens. Der suchte eine Gesellschafterin für seine alte Mutter, die einst nach Amerika ausgewandert war. Ich sollte die alte Dame unterhalten und Erinnerungen an Deutschland wecken.«

»Jetzt bin ich dran!« Dieser Satz beherrschte Brigitte wie ein Mantra. Aber es war für sie auch ungewohnt, an sich zu denken. »Ich reagierte auf meinen aufkeimenden Mut sofort mit einem schlechten Gewissen und bremste mich quasi selbst aus. Darf ich überhaupt an mich denken?!« Brigitte war hin und her gerissen. »In mir tobte ein Kampf zwischen Engelchen und Teufelchen«, beschreibt sie diesen Zustand. Engelchen riet der Essenerin, noch einmal richtig Gas zu geben. Teufelchen beschimpfte sie als egoistische und verantwortungslose Frau, die ihre Familie im Stich lässt.

Als sie ihrer Tochter Karola ihre Kalifornienpläne mitteilte, erntete sie zunächst Hohn und Spott. »Mama, du verfährst dich doch schon in Essen, wie willst du dich da in Amerika zurechtfinden?«, amüsierte sich die Tochter. Mit Widerstand in der eigenen Familie hat Brigitte nicht gerechnet. Als sie weiter an ihrem Plan festhielt, machte Karola der Mutter Vorwürfe und hetzte die gesamte Familie gegen Brigitte auf. »Du kannst deine Tochter und Steven doch nicht allein lassen«, wetterte plötzlich sogar ihr älterer Bruder. »Was ist denn, wenn dieser Farmer ein unangenehmer Mensch ist?«, warnte die Freundin. »Dann bist du dem ausgeliefert, kannst nicht weg – und wer weiß, was sonst noch passiert …« Dann ging die Schießerei in der Sandy-Hook-Grundschule in Newtown durch die Medien. Im Dezember 2012 kamen bei diesem schrecklichen Massaker 28 Menschen ums Leben, darunter 20 Kinder. »Das ist die Realität in deinem Traumland Amerika«, hat ihre Tochter gestänkert und Brigitte die Zeitung unter die Nase gehalten. »Ich würde mal sagen, du bleibst schön in Essen!«

Eine Zeitlang konnte sich Brigitte gegen diese Miesmacherei zur Wehr setzen. »Ich habe anfangs wie ein trotziges Kind reagiert und mich stur gestellt – aber die Argumente gegen mein Projekt fielen bei mir leider auch auf fruchtbaren Boden und verstärkten meine Ängste und Unsicherheiten.« Enkel Steven druckte aus dem Internet einen langen Artikel über Waffenmissbrauch und Schießereien, Verbrechen und Bandenkriminalität in Kalifornien aus und gab den Text seiner Großmutter mit den Worten: »Willst du etwa überfallen werden?« Die Auslandsnachrichten im Fernsehen bestätigten ihr nur eins: Die Zeiten sind unruhig, Amerika ist das Land der durchgeknallten Waffennarren.

Ihre Ängste wurden immer irrealer: Was, wenn das Flugzeug entführt wird? »Islamisten könnten die Maschine kapern …« Immer wieder lief folgender Film in ihr ab: »Ich komme am Flughafen in San Francisco an und niemand ist da, um mich abzuholen. Dann bin ich nachts ganz allein und weiß nicht, wo ich schlafen soll.« Dass ihr Umfeld all die Ängste in ihr geschürt hat, vielleicht sogar unbewusst mit Neid und egoistischen Bedürfnissen auf ihre Pläne reagierte, konnte Brigitte nicht sehen. Sie sagte schließlich nach einer schlaflosen Nacht die Reise ab. »Ich bedauere die Entscheidung heute«, sagt sie. »Aber vielleicht ist es ja auch besser, wenn ich mich in meinem Alter nicht mehr auf die Strümpfe mache.«

ÄNGSTE UND VORWÜRFE HABEN VIELE GESICHTER

Es ging nur um drei Monate. »Aber mein Mann hat mir schließlich die Pistole auf die Brust gesetzt«, sagt Antje (61). »Er drohte mit Scheidung, wenn ich für ein Vierteljahr nach England gehe.« Dabei hat alles ganz harmlos angefangen. Das Kölner Ehepaar saß gemeinsam auf der Couch und diskutierte über Lösungen für ihr »ödes Rentnerleben«. Als beide über 65 Jahre alt waren, haben sie ihren Sanitärhandel dem Sohn übergeben und sich voll und ganz aus dem Geschäft zurückgezogen. Sie wollten ihre Freizeit so richtig genießen. »Aber der Schuss ging nach hinten los – wir haben uns gelangweilt und sind uns gegenseitig auf die Nerven gegangen«, sagt Antje. Immer häufiger gab es Streit. »Mein Mann warf mir vor, ich sei träge und wenig unternehmungslustig.« Das nahm Antje sich zu Herzen. Und als eines Tages ein Bericht über Granny Aupairs im Fernsehen lief, hat sie sich heimlich beworben. Es dauerte nicht lange, bis sich eine Familie aus England meldete und Antje für drei Monate als Granny haben wollte. Sie war Feuer und Flamme, doch als sie ihrem Mann davon erzählte, »flippte der aus« und hatte nur Spott übrig für die plötzliche Selbstständigkeit seiner Frau. »Er machte mich klein, behauptete, ich sei verrückt geworden und käme ohne ihn nicht einmal am richtigen Flugsteig in der Abflughalle in Frankfurt an – doch damit spornte er mich nur noch mehr an.« Antje sagte der Gastfamilie zu. Erst als ihr Mann mit der Scheidung drohte, machte sie einen Rückzieher. Trotzdem hat die Ehe einen Schaden erlitten. »Wir müssen jetzt überlegen, wie es mit uns weitergeht«, sagt sie: »Ich bleibe jedenfalls die nächsten Jahre nicht untätig neben ihm auf der Couch sitzen und gucke die Sportschau.« Sie sieht sich als den aktiveren Teil in der Ehe und will das auch ausleben.

Der Vorwurf, egoistisch zu sein, wird gerne erhoben. »Meine Mutter ist weit über 90, leidet unter schwerer Altersdemenz und ist in einem Pflegeheim bestens versorgt«, erzählt Ruth. Die 67-Jährige würde gern als Aupair ins Ausland gehen. »Aber meine Geschwister haben mir ins Gewissen geredet.« Obwohl die alte Mutter ihre Tochter Ruth nicht mehr erkennt und bei den meisten Besuchen schläft, hieß es: »Du kannst Mama doch nicht im Stich lassen!« Sofort machte sie sich Vorwürfe. »Ich bin die Einzige von uns Geschwistern, die in der Stadt lebt, in der das Pflegeheim ist.« Sie sagte ihrer Gastfamilie ab. Der Appell an die Verantwortung, die man gefälligst für alte Eltern, eigene Kinder und Enkel zu tragen habe, ist eine wirksame Waffe der Miesmacher.

Aber auch wohlmeinende Familienmitglieder, Freunde und Bekannte tun sich oft mit der Entscheidung einer Granny schwer. »Wenn sich jemand auf den Weg macht, bricht dieser Mensch aus dem Alltag aus und hält damit den trägen und unbeweglichen Menschen in seiner Umgebung den Spiegel vor«, sagt Hildegard (74) aus Mainz. »Das ist natürlich unangenehm für die Daheimgebliebenen.« Jeder verspürt in sich ein Fünkchen Abenteuerlust und Neugier, aber nicht jeder hat die Energie und den Mut zum Aufbruch.

Hildegard konnte sich zwar erfolgreich gegen die Miesmacher aus ihrem Umfeld durchsetzen – »ich habe das ganze negative Geschwätz im Freundeskreis einfach überhört und ignoriert« –, aber die Argumente ihres Kardiologen haben sie dann doch von ihren Auslandsplänen abgehalten. Hildegard hat vor gut zwei Jahren einen Herzinfarkt überstanden. »Das betroffene Herzkranzgefäß wurde mit einem kleinen Ballon erweitert und dann mit einem gefäßstützenden Stent offengehalten«, sagt sie und fügt traurig hinzu: »Aber bin ich deshalb jetzt ein Krüppel?« Die ehemalige Geographielehrerin steckt voller Tatendrang und wollte unbedingt nach Afrika: »Am liebsten in den Busch.« Doch Hildegard ist auf Medikamente angewiesen, die die Bildung von Blutgerinnseln verhindern und ihr Blut verdünnen. Außerdem muss sie Betablocker einnehmen, die gefährlichen Herzrhythmusstörungen vorbeugen. »Ich habe alles getan, was der Arzt geraten hat: Kilos abgeworfen, meine Ernährung umgestellt und gehe jetzt regelmäßig zum Sport – doch der Doktor ist immer noch nicht zufrieden«, bedauert sie. Vernünftigerweise hat Hildegard nach einer eingehenden Untersuchung dann auf einen Granny-Einsatz im Ausland verzichtet.

Anders als bei Hildegard hält manche Interessentin eine überzogene Angst vor Krankheiten, die man sich im Ausland »leicht einfangen« könne, von der Reise ab. Ein Blick ins Internet genügt, um als Hypochonder den Computer wieder abzuschalten: Malaria und Gelbfieber, Amöbenruhr und Dengue-Fieber sind nur einige der vielen Tropenkrankheiten, an denen man gerade in Afrika, Asien und Südamerika erkranken kann, vor allem, wenn man keine Vorsorge trifft. Viele werden durch blutsaugende Insekten und Parasiten verbreitet. Womit wir schon beim nächsten Miesmacher-Thema wären: den kriechenden und krabbelnden Quälgeistern. Bedenkenträger sehen sich im Ausland von Insekten und Skorpionen, Schlangen und Haien umzingelt und verfolgt. Diese Tiere stehen auf der Hitliste der Ängste ganz weit oben. Auch die hygienischen Bedingungen entsprechen in anderen Ländern nicht unbedingt den deutschen Reinlichkeitsvorstellungen. Gerade in den Tropen fühlen sich Schädlinge aller Art wie Kakerlaken & Co besonders wohl. »Freunde beschreiben mich eher als pingelig«, trug eine Bewerberin in den Fragebogen der Agentur ein. Als Reiseland hatte sie sich ausgerechnet Indien ausgesucht. Die Beschreibung der hygienischen Bedingungen vor Ort hielten die 67-Jährige dann doch von ihrem Plan ab.

Andere Ängste wiederum sind oft Ausdruck der eigenen Unsicherheit und einer gewissen Unselbstständigkeit: »Was passiert, wenn ich im Ausland meine Papiere verliere?« Die Sehnsucht nach absoluter Sicherheit, nach einem doppelten und dreifachen Auffangnetz unter Ausschluss aller Lebensrisiken ist nicht erfüllbar. Wer sich als Granny auf die Reise macht, muss zu Eigenverantwortung bereit sein. Sind die Papiere dann wirklich weg, muss das Problem mit Hilfe der Polizei oder der deutschen Botschaft vor Ort gelöst werden. Am besten, man passt vorher auf seine Sachen auf.

Ist der Entschluss gefasst, als Granny in die Welt zu gehen, taucht gerne die Frage auf: »Wie wird die Familie auf mich reagieren?« Es kann sein, dass man nicht miteinander harmoniert. Wer sich allerdings vorher hinsetzt und nach Gründen sucht, warum einem wildfremde

Menschen, die einem vertrauensvoll die Tür öffnen, mit Ablehnung begegnen könnten, macht sich das Leben unnütz schwer. Schließlich haben sie sich freiwillig für eine Granny entschieden – und wenn es Probleme geben sollte, hilft in der Regel ein offenes Wort.

»Ich habe von einem Einsatz als Granny Abstand genommen, weil ich schlecht mit Konflikten umgehen kann«, gesteht Alexandra (69). Die ehemalige Verwaltungsangestellte war zunächst ganz begeistert. »Ich wollte unbedingt aus meiner Routine ausbrechen und ins Ausland.« Dann hat sie sich vorgestellt, die Eheleute in der Gastfamilie könnten miteinander streiten. »Streit halte ich schon zwischen meinem Sohn und meiner Schwiegertochter nicht aus«, sagt sie und bezeichnet sich als »harmoniesüchtig«. Auch die Angst, von den Kindern der Gastfamilie nicht akzeptiert zu werden, war groß. »Was hätte ich dann tun sollen?« Der Gedanke an mögliche Konflikte verfestigte sich im Kopf von Alexandra und stand letztendlich einer Reise im Wege. »Auch mit Ablehnung und Kritik kann ich nicht gut umgehen«, erzählt sie. Sie reagiert darauf mit Rückzug und Schweigen, verliert sich in Sturheit und kann nur schwer verzeihen. Sich die Freiheit zu nehmen, bei Schwierigkeiten auf eigene Faust im Land zu reisen und vom Granny-Plan abzuweichen, das hat sich Alexandra nicht zugetraut.

»Mein Perfektionismus stand mir im Leben schon oft im Weg«, sagt Hedwig selbstkritisch. Die 63-jährige Lehrerin aus Dresden spricht Russisch und Englisch. »Und zwar perfekt!« Vor einem Jahr hat sie einen Sprachkurs in Spanisch belegt, denn sie wollte unbedingt als Granny nach Südamerika. »Dieser Kontinent hat mich seit meiner Kindheit interessiert – und damals in der DDR konnten wir ja nicht reisen.« Sie wollte die Stätten der Maya und Azteken besuchen, aber sie wollte auch mit den Menschen auf ihrem Sehnsuchtskontinent über Politik und Wirtschaft sprechen, über Bücher diskutieren und philosophieren. »Die üblichen Floskeln habe ich ja schnell gelernt, doch das reicht mir nicht«, sagt sie. Außerdem findet sie ihre Aussprache unzureichend: »Spanisch will einfach nicht über meine Zunge.« Statt sich mit wenigen spanischen Sätzen zufriedenzugeben und sich auf den Weg zu machen, hat die ehrgeizige Lehrerin den Plan begraben. »Es ist schade, aber für mich sind die Sprachbarrieren unüberwindbar.«

Die Angst vor mangelnder Kommunikation und der Fremdsprache beschäftigt viele Granny Aupairs. Doch auch die eigenen Kräfte werden häufig nicht richtig eingeschätzt. Kleine Kinder können sehr anstrengend sein. »Kannst du überhaupt genug Energie aufbringen, den ganzen Tag drei Kinder zu unterhalten?« Mit diesem Satz hat ihre Tochter Angelika schon gleich zu Anfang den Wind aus den Segeln genommen. Kurz vor der Abreise wurde die Antwort auf diese Frage dann zum Ausschlusskriterium. »Nein, ich kann es nicht – ich merke mein Alter«, sagt die 71-Jährige resigniert. Sie habe eingesehen, dass sie schneller müde sei als früher. »Ich habe ein größeres Ruhebedürfnis und kann schon meine eigenen Enkel nur bedingt über längere Zeit beschäftigen.« Dass Angelika die Bedenken ihrer Tochter nahezu wörtlich übernommen hat, merkt sie nicht.

Die Geschichte von Angelika ist traurig und lässt erahnen, wie effektiv Miesmacher am Werk sein können. Besonders fies sind Anspielungen auf das »mangelnde Verantwortungsgefühl« der Granny. »Kannst du es wirklich mit deinem Gewissen vereinbaren, uns allein zu lassen?« Deshalb stellt sich in einigen Fällen die Frage: Erzähle ich meiner Familie, Freunden und Bekannten überhaupt von dem Vorhaben? Wie kann ich Miesmachern entgehen? Darauf gibt es keine allgemeingültigen Antworten, denn auch die Vorgeschichte jeder Einzelnen spielt dabei eine Rolle. Wer sein Leben lang verzichtet hat, anderen selbstlos zu Diensten war, freiwillig in die Verantwortung gegangen ist und wenig an die Erfüllung eigener Wünsche und Träume gedacht hat, dem fällt es auch im Alter schwer, eigene Interessen durchzusetzen. Dann haben Miesmacher die allerbesten Erfolgsaussichten die Granny-Tour zu vermasseln.

»Man darf bei Kritik an dem Reiseplan nicht gleich einknicken und aufgeben«, rät Emma (68) aus Erfahrung. Ihr eigener Aufbruch war nicht gerade unbelastet. »Ich habe den Fehler gemacht, mich bei einer anderen Granny Aupair zu erkundigen und mir deren Erfahrungen schildern zu lassen«, sagt sie. »Nie wieder!«, lautete das Fazit der Dame. Sie war in einem sozialen Projekt im indischen Bundesstaat Rajasthan gewesen. An dem »Land der Könige« – so die Übersetzung aus der Landessprache Hindi – ließ die Englischlehrerin kein gutes Haar. In den Klassenzimmern der Schule, in der sie junge Mädchen und Frauen unterrichtet hat, gab es weder Tische noch Stühle. »Ich kann nicht den ganzen Tag auf dem Boden sitzen«, klagte sie. Sie schimpfte über die mangelnde Qualifikation der anderen freiwilligen Helferinnen und fühlte sich vom Projektleiter ausgebeutet. Besonders negativ fiel ihr Urteil über das Land aus: »Nie vorher habe ich so viel Dreck und Elend gesehen!« Jodhpur sei eine »Horror-Stadt« mit streunenden Hunden und Kühen auf der Straße. »Überall Bettler und Obdachlose«, beschwerte sie sich. Indien sei laut, dreckig und die Städte überfüllt, das Essen viel zu scharf. Auch an der Unterbringung in dem Gästehaus für 200 Euro im Monat (Kost & Logis) ließ sie kein gutes Haar. Indien sei ein extrem unterentwickeltes, verdrecktes, primitives Land. »Nie wieder werde ich einen Fuß auf diesen Kontinent setzen«, wetterte sie.

Emma hat sich damals alles angehört und anschließend die vielen Argumente emotionslos sortiert. »Eigentlich ist die Dame nicht mit der Situation in einem Entwicklungsland klargekommen.« Man dürfe die Lebensumstände in Deutschland, die hygienischen Bedingungen und deutschen Essgewohnheiten nicht als Maßstab nehmen – Indien sei eben ein »pralles exotisches Land mit über einer Milliarde Menschen und scharfen Curry-Gerichten«. Emma hat schnell erkannt, dass es ihrer Gesprächspartnerin nicht um Ratschläge, Tipps und Hilfen ging, sondern dass sie »nur ihren Frust ablassen wollte«. Letztendlich hat sich Emma dann auf die Frage konzentriert: »Was macht mich glücklich?« Die Besinnung auf eigene Wünsche und Bedürfnisse, auf ihre Fähigkeiten und Stärken hat ihr geholfen, den Granny-Weg dann doch zu gehen und die Reise nach Indien anzutreten. »Ich habe es nicht bereut«, sagt sie. Sie habe das Land, die Menschen und die Arbeit in dem Projekt »komplett anders erfahren« und ist mit positiven Erlebnissen heimgekehrt. »Die Schüler sitzen in Indien nun mal auf Bastmatten auf dem Boden – ich habe mir einen Stuhl besorgt und das Problem war gelöst.«

Viele Befürchtungen der Ausbremser lassen sich schon im Vorfeld ausräumen, indem man sich schlaumacht und so Gegenargumente leicht entkräften kann. Auch hartnäckige Miesmacher prallen an sachlichen Informationen ab. »Hast du an Malaria gedacht?« Ja, aber in dem Land gibt es keine Malaria. »Ich würde mich auf keine Diskussion einlassen«, sagt eine erfahrene Granny. »Wenn ich für mich einen Entschluss gefasst habe, ist er durchdacht und für mich richtig.« Das hat viel mit der inneren Haltung zu tun, wenn diese stimmt, ist man authentisch – für jeden fühl- und sichtbar. Auch die Gegenfrage: »Woher weißt du das – warst du schon als Granny Aupair unterwegs?«, kann unangenehme Diskussionen abkürzen. Wer Kritik mit einem Anflug von Humor begegnet, hat meist schon gewonnen.

In jedem Fall lohnt es sich, sich nicht verunsichern zu lassen und die eigene Position zu vertreten – auch wenn es manchmal »verdammt schwer ist dagegenzuhalten«, wie Melanie erfahren musste.

ES GEHT AUCH ANDERS

Eigentlich war alles schon in trockenen Tüchern. Melanie (69) aus Hameln wollte für zwei Monate zu einer Familie nach London. Alle freuten sich mit ihr – bis auf ihren Mann und ihren 27-jährigen Sohn. Um den Familienfrieden nicht aufs Spiel zu setzen, wollte Melanie verzichten. Aber dann hat eine Freundin zu ihr gesagt: »Wenn du jetzt nachgibst, bist du verloren und machst nur noch das, was andere von dir erwarten.« Die 69-jährige Melanie suchte Hilfe in einer Gesprächstherapie. »Es ging auf einmal nicht mehr nur um London und diese zwei Monate«, sagt sie heute. »Sondern um viel mehr – im Mittelpunkt standen meine Unabhängigkeit und meine ganz persönlichen Wünsche, die ich gegenüber meinem Mann formulieren muss.« Aber woher sollte die Kraft kommen, um dies alles in die Tat umzusetzen?

Wenn eine Frau im Alter aus ihren gewohnten Kreisen ausbrechen möchte, hängt der Haussegen schnell schief. »Doch am Ende ist jeder hundertprozentig für sein eigenes Leben verantwortlich«, sagt Melanie. Sie hat sich entschieden, Einengungen durch ihren Mann und ihren Sohn nicht mehr zu akzeptieren. London sollte ein neuer Anfang werden. Selbstbewusst sagt sie heute: »Ich habe mit Hilfe der Gesprächstherapie gelernt, dass ich nicht auf der Welt bin, um mich ständig um andere Menschen zu kümmern. Ich habe mich für die Veränderung entschieden, ich habe die Verantwortung für mein Handeln übernommen – und ich habe gewonnen!« Melanie ist ein Jahr später als ursprünglich vorgesehen als Granny verreist. Nicht nach London, sondern nach Madrid. »Und nicht nur für zwei Monate, sondern für ein halbes Jahr.« Die Therapeutin habe damals zu ihr gesagt: »Wenn Sie wirklich wissen, was Sie wollen, dann bleiben Sie hartnäckig.« Melanie hat gelernt, sich für ihr Verhalten keine Vorwürfe zu machen. Wer sich Wünsche und Träume erfüllen und aus dem Alltagstrott heraustreten will, muss bereit sein zu Veränderungen. Dazu gehört auch eine Analyse der alten Verhaltens- und Denkmuster. »Als ich ruhig und objektiv auf mein Leben geschaut habe, wusste ich: So eingefahren und erstarrt will ich meine letzten Jahre nicht verbringen«, erzählt Melanie. Sie wusste, dass ihr Umfeld mit Unverständnis reagieren würde. »Aber ich wollte nicht mehr, dass andere über mein Leben eine derartige Macht haben, dass ich meine Träume vernachlässige.« Sie wollte sich nicht mehr einschränken, wollte flexibler sein und ihre Bedürfnisse von ihrem Sohn und dem Ehemann berücksichtigt wissen. »Viel zu lange hatte ich meine Wünsche zurückgestellt.« Sie sagt heute: »Ich habe ein Recht darauf, dass meine Familie das akzeptiert.«

Drohungen der Miesmacher – »Du riskierst deine Familie, du bist leichtsinnig und viel zu schwach, um als Granny zu reisen« – erreichten Melanie irgendwann nicht mehr. »Mein Gott, es ging am Anfang um zwei Monate London«, sagt sie. »Ich wollte doch nicht auswandern!« Die 69-Jährige hat es geschafft, Widerstände abzuschmettern – und sie ist stolz darauf. Das Verhältnis zu ihrem Mann hat sich seither verändert, es ist intensiver, lockerer und sogar fröhlicher geworden. »Jetzt ist wieder alles möglich.«

RATGEBER-TEIL UND ANHANG

WIE WERDE ICH EINE GRANNY AUPAIR? ANTWORTEN AUF DIE WICHTIGSTEN FRAGEN

1/ Wie werde ich eine Granny Aupair?

Sie müssen sich auf www.granny-aupair.com registrieren lassen. Das ist kostenlos und unverbindlich. Auf der Website der Hamburger Agentur können Sie dann in den weltweiten Angeboten stöbern. Wenn Sie mit einer Gastfamilie oder einem sozialen Projekt in Kontakt treten möchten, müssen Sie Ihr »Profil« ausfüllen – das heißt Ihre Daten eingeben und Fragen beantworten – und eine Mitgliedschaft bei Granny Aupair abschließen. Die Kosten sind abhängig von der Länge der Mitgliedschaft (ab 29,90 Euro/Monat) und gelten für drei, sechs oder zwölf Monate.

2/ Gibt es eine Altersgrenze?

Nein, wenn Sie sich fit fühlen und gesund sind, können Sie als Granny Aupair in jedem Alter auf die Reise gehen – selbst mit 76 Jahren haben sich Frauen diesen Lebenstraum erfüllt.

3/ Brauche ich ein Gesundheitszeugnis?

Es ist immer empfehlenswert – bei einer Reise in die Tropen schon wegen der Impfungen und einer eventuellen Malariaprophylaxe –, vorher einen Arzt zu konsultieren und sich untersuchen zu lassen. Ein Gesundheitszeugnis brauchen Sie nicht.

4/ Welche Papiere brauche ich bei der Einreise?

Für Reisen innerhalb Europas reicht der Reisepass. Soll es weiter weg gehen, ist ein Reisepass notwendig, der mindestens ein halbes Jahr gültig sein sollte. Abhängig vom jeweiligen Reiseland wird eventuell ein Visum benötigt. Einige Länder fordern ein Einladungsschreiben der Gastfamilie. Informationen zum jeweiligen Reiseland erfahren Sie über das Auswärtige Amt (www.auswaertiges-amt.de). Auf dieser Website erhalten Sie wertvolle Tipps, Länderinformationen und Details über Einreisebestimmungen, Sicherheitshinweise, Zollbestimmungen und medizinische Hinweise. Ein Blick auf das ausgewählte Reiseland lohnt sich immer!

5/ Wer bucht meinen Flug und zahlt die Anreise?

Für die Reise in das jeweilige Land ist die Granny Aupair selbst verantwortlich. In der Regel zahlt sie auch die Reisekosten – es kommt allerdings auch vor, dass man sich die Kosten teilt. Manchmal übernimmt die Gastfamilie auch die Kosten für die Anreise.

6/ Welche Familien suchen eine Granny Aupair?

Die Gastfamilien, die eine Granny Aupair suchen, leben überall in der Welt. Häufig handelt es sich um deutsche Familien, die im Ausland leben. Sie sind entweder aus beruflichen Gründen dort, sind ausgewandert oder haben dorthin geheiratet. Die meisten Gastfamilien sind gutsituiert. Auch alleinerziehende Mütter und Väter suchen Unterstützung. In den Gastfamilien wird eine ältere Granny Aupair vor allem wegen ihrer Lebenserfahrung geschätzt und immer häufiger gegenüber jungen Aupair-Mädchen bevorzugt.

7/ Kann ich die Familie vorher kennenlernen?

Wie die Granny Aupair erstellt auch die Familie, die eine Granny aufnehmen möchte, ein detailliertes Profil. Fotos vermitteln einen ersten Eindruck. Die Mitarbeiterinnen der Agentur prüfen die Angaben und nehmen zu jedem Bewerber persönlich Kontakt auf. Zu jedem Angebot können Sie eine Kontaktanfrage direkt an die Familie senden. Natürlich können Sie auch von den Familien welche erhalten. Nehmen die Familie bzw. Sie die Anfrage an, werden die Kontaktdaten freigeschaltet und man lernt sich per E-Mail oder Telefon erst einmal besser kennen, tauscht sich aus und bespricht alle weiteren Details.

8/ Wie lange kann ich vor Ort bleiben?

Die maximale Zeit der Aufenthaltsdauer ist je nach Land durch die gültigen Visabestimmungen festgelegt. Alles andere sind private Absprachen. Wenn die Gastfamilie nur für drei Monate eine Granny Aupair sucht, endet der Aufenthalt meist auch nach drei Monaten. Kommt es zu Problemen, kann die Granny Aupair natürlich jederzeit abreisen – es gibt keinerlei Verpflichtung, die Zeit »abzusitzen«. Häufig nutzen die Grannys die Zeit nach ihrem Aufenthalt in der Familie für eine intensive Rundreise im Gastland.

9/ Warum bekommt eine Granny kein Aupair-Visum wie die jungen Frauen?

Die Grannys können nicht wie junge Frauen mit einem Aupair-Visum ins Ausland reisen. Die Altersgrenze für ein offizielles Aupair-Visum liegt je nach Land zwischen ca. 25 und 30 Jahren. Im europäischen Ausland ist eine Einreise weniger problematisch, aber außerhalb der EU schon: Die Grannys können nur als Touristinnen einreisen und je nach Touristenvisum nur ca. drei bis sechs Monate bleiben.

10/ Bekomme ich als Granny Aupair Geld?

Wer als Granny Aupair Geld verdienen will, muss enttäuscht werden. Das Konzept »Aupair« beruht auf »Gegenseitigkeit« – was es auf Französisch auch bedeutet. Freie Kost und freies Wohnen stehen der Granny Aupair zu, doch eine Bezahlung durch die Gastfamilie ist die absolute Ausnahme. Viele Gastfamilien beteiligen sich an den Reisekosten, laden die Granny zu Ausflügen oder in ein Restaurant ein. Wer sich für ein soziales Projekt entschieden hat, finanziert die Reise selbst und muss meistens auch für Unterkunft und Verpflegung aufkommen.

Die Projekte finanzieren sich über Spenden, arbeiten mit Freiwilligen und Ehrenamtlichen zusammen und stecken das gespendete Geld in die soziale Arbeit.

11/ Welche Aufgaben hat eine Granny Aupair?

Den meisten Gastfamilien geht es um eine liebevolle und zuverlässige Betreuung ihrer Kinder. Die Grannys spielen mit den Kindern, bringen sie in die Schule oder den Kindergarten und helfen bei den Hausaufgaben. Alle weiteren Aufgaben werden mit der Gastfamilie individuell abgesprochen – die Wünsche können vielfältig sein. So werden auch Grannys als Gesellschafterinnen gesucht, z. B. zur Betreuung von Großeltern.

12/ Gibt es Verträge zwischen der Granny Aupair und der Familie?

Nein. Denn auch Verträge sind keine Garantie für das Gelingen einer Reise. Juristische Absicherungen helfen im gegenseitigen Miteinander nicht. Die Reise einer Granny Aupair ist eine private Reise. Gegenseitiges Vertrauen ist die beste Basis für den Erfolg.

13/ Welche Voraussetzungen muss eine Granny Aupair mitbringen?

Offenheit, Flexibilität, Toleranz und eine gewisse Anpassungsfähigkeit sind von Vorteil. Ob Sie sich körperlich fit fühlen und mental in der Lage sind, Ihr vertrautes Heim für eine längere Zeit zu verlassen, müssen Sie selbst entscheiden. Als Granny Aupair gehen Sie nicht auf eine Pauschalreise mit Reiseleitung und All-inclusive-Service. Granny Aupair ist ein Ausstieg auf Zeit.

14/ Muss ich eine Fremdsprache sprechen?

Wer Englisch spricht, ist auf jeden Fall im Vorteil. Ein Granny-Aupair-Aufenthalt ganz ohne Fremdsprachenkenntnisse ist dennoch möglich, aber außerhalb des deutschsprachigen Auslands eher schwierig. Die

Gastfamilie hilft sicherlich bei der Verständigung. Eine Fremdsprache perfekt zu sprechen, ist allerdings nicht erforderlich. Grundkenntnisse in der Landessprache können hilfreich sein. Wenn Sie Ihre Sprachkenntnisse vertiefen wollen, ist ein intensiver Auslandsaufenthalt als Granny Aupair hilfreich. Als Vorbereitung der Reise kann man schon in Deutschland einen Sprachkurs besuchen.

15/ Wie bereite ich mich auf den Aufenthalt vor?

Wer für längere Zeit ins Ausland geht, muss einiges vorab organisieren. Muss sich jemand um die Wohnung oder das Haus kümmern? Strom, Telefon und Wasser sowie die Tageszeitung müssen abbestellt, der Reisepass verlängert und die Schutzimpfung aufgefrischt werden. Besitzen Sie ein Haustier, müssen Sie sich rechtzeitig um eine verantwortungsvolle Lösung bemühen! Es empfiehlt sich, sich auf die speziellen Gepflogenheiten eines Landes vorzubereiten und sich zu informieren. Die crossculture academy (www.crossculture-academy.com) unterstützt Auslandsreisende dabei und geht weit über Reiseführer-Wissen hinaus. Die Agentur Granny Aupair bietet regelmäßig Vorbereitungsworkshops an.

16/ Muss ich mich extra versichern?

Für längere Aufenthalte im Ausland empfiehlt sich der Abschluss einer Reisekrankenversicherung. Erkundigen Sie sich bei Ihrer Versicherung oder unter www.bmg.bund.de/krankenversicherung/leistungen/auslandsversicherungsschutz.html. Einige Versicherungsanbieter haben sich auf Langzeitaufenthalte und Fernreisen spezialisiert und bieten umfassenden Versicherungsschutz. Im Krankheitsfall muss der Reisende die Rechnung in der Regel gleich vor Ort selbst bezahlen. Der Versicherer erstattet dann die Kosten für die Behandlung, nachdem die Rechnung eingereicht wurde. Es empfiehlt sich also, bei der Reiseplanung immer ein finanzielles Polster für Unfälle und unvorhersehbare Krankheiten einzuplanen.

17/ Was mache ich, wenn es Probleme in der Familie gibt?

Das kommt ganz auf die Probleme an. Am besten redet man bereits miteinander, bevor Probleme entstehen. Mit Offenheit, Toleranz und ein wenig Diplomatie lässt sich klären, was ungeklärt ist. Wenn die Chemie gar nicht stimmt, heißt es abreisen. Sie müssen ja nicht gleich das Land verlassen. An einen Aufenthalt in der Gastfamilie lassen sich perfekt Reisen im Land und Ausflüge anschließen. Gerade zu Beginn des Aufenthaltes kann es Eingewöhnungsschwierigkeiten geben. Die fremde Sprache, eine ungewohnte Umgebung, ein fremder Kulturkreis, andere Klimabedingungen oder die Lebensgewohnheiten der Familie können am Anfang für Befremden sorgen. Meist lassen sich Schwierigkeiten schnell überwinden. Beide Seiten müssen sich eine Chance geben. Wer im Vorfeld mit der Familie möglichst viel klärt (Wie wohne ich? Habe ich ein eigenes Bad? Was wird von mir erwartet?), erlebt später keine böse Überraschung.

18/ Kann ich während meiner Granny-Zeit im Land reisen?

Alles ist möglich, was Sie mit der Familie absprechen. Die Erwartungen müssen vorher abgeklärt werden. An Absprachen sollte man sich halten.

19/ Was muss in den Koffer?

Das hängt vom jeweiligen Land und von der Jahreszeit während der Besuchszeit ab. Über die klimatischen Bedingungen in der ausgewählten Reisezeit weiß die Gastfamilie am besten Bescheid. In vielen Ländern Asiens oder Afrikas sind Kosmetika wie Sonnenschutzmittel oder Insektenabwehrmittel schwer zu bekommen oder sehr teuer. Persönliche Medikamente gehören selbstverständlich in die Reiseapotheke.

20/ Welche Gastgeschenke kann ich mitbringen?

Das liegt auch an den Reise- und Zollbestimmungen des jeweiligen Landes. Erkundigen Sie sich. Fragen Sie die Gastfamilie, womit Sie ihr eine Freude machen können. Gerade Deutsche, die im Ausland leben, wissen bestimmte Dinge aus der Heimat zu schätzen. Das Mitbringen von Lebensmitteln wie Wurst, Käse oder Brot ist allerdings häufig verboten.

21/ Warum darf »Opa« nicht reisen?

Granny Aupair vermittelt ausschließlich Frauen. Angebot und Nachfrage waren ausschlaggebend für den Entschluss. Die Gastfamilien bevorzugen für ihre Kinder ältere Damen. Männern, die sich im Ausland ehrenamtlich einbringen wollen, empfehlen wir den Senior Experten Service (www.ses-bonn.de).

ERFAHRUNGSS(CH)ÄTZE

Jetzt weiß ich, es gibt ein Leben vor dem Tod.

Ich wollte unbedingt nach Afrika – und bin am Ende in Österreich gelandet. Aber es war genauso exotisch, denn ich habe die Eingeborenen in Wien am Anfang auch nicht verstanden.

»WAS? DAS soll das neue Aupair-Mädchen sein?« Der Nachbar hat erst mich entsetzt angeschaut, dann den Vater der Gastfamilie und enttäuscht gesagt: »Und ich hatte mich schon auf was Knackiges gefreut!«

Die Küche in Korea ist großartig – ich wollte nur nie so genau wissen, was ich da eigentlich esse.

Mobil und beweglich sollte ich sein – da habe ich die Gastfamilie gefragt, ob sie eine Granny suchen oder ein Fahrrad.

Erst hatte ich Angst vor den Löwen, dann vor den Moskitos – am Ende habe ich in Afrika beides nicht gesehen!

Runter von der Couch, raus in die Welt, rein ins Chaos – aber es war ein unvergessliches Abenteuer und die spannendste Zeit überhaupt.

Ich hätte nie gedacht, dass es in Afrika so kalt werden kann. Für eine Mütze und Handschuhe hätte ich meinen Bikini verkauft.

Ich fühle mich heute 20 Jahre jünger als mit 50, sehe zehn Jahre älter aus und bin so glücklich wie mit 18.

Alle reden von »Silver Surfern« – ehrlich, mir ist das Surfbrett lieber als das Surfen im Internet, obwohl man vor dem Computer nicht nass wird.

Wenn Träume Wirklichkeit werden, wird man oft erst richtig wach.

Ich habe mit einem Indianerhäuptling in Kanada einen Regentanz aufgeführt – meine Landfrauen hätten das nie für möglich gehalten.

Was ich in China gesehen, gerochen, gehört, geschmeckt und gefühlt habe, war so unglaublich, dass es alle meine Erwartungen in den Schatten gestellt hat.

Die Hochzeit war so farbenprächtig, dass ich gedacht habe: Diese Ehe muss einfach halten.

Lernen hört nie auf, genauso wenig wie Träumen.

Mit vier neuen Gelenken habe ich den Sprung über den Großen Teich gewagt.

Hilfe, mein Google ist kaputt! (Eine PC-Anfängerin)

Wie gut, dass Alter nicht vor Torheit schützt, sonst hätte ich diese Erfahrung nie gemacht.

Manchmal habe ich mich gefragt, was machst du eigentlich hier. Du hast es doch so schön und ruhig zu Hause.

Ich wusste gar nicht mehr, wie anstrengend krabbeln auf vier Beinen ist. Ich hatte Muskelkater an Stellen, von denen ich gar nicht wusste, dass es da Muskeln gibt.

Ich bin 89 Jahre alt und sehr einsam. Kann ich bei Ihnen eine Granny bestellen? (Hilferuf eines Witwers aus Kanada, der tatsächlich eine Granny fand)

Sie müssen der Familie ja nicht gleich sagen, dass ich ein Mann bin (ein hartnäckiger Interessent, der unbedingt als Granny Aupair vermittelt werden wollte).

Meine Kinder haben ja schon immer gesagt, dass ich verrückt bin. Aber mit so viel Verrücktheit hatten sie in meinem Alter auch nicht mehr gerechnet.

Lebe lieber ungewöhnlich. No risk no fun!

Für ein paar Tage war ich der Star.

Seit ich weiß, dass es Granny Aupair gibt, freue ich mich schon aufs Alter.

Endlich bin ich wieder sichtbar.

DANK

Wie bei jedem Projekt gibt es viele Mitwirkende – so auch bei diesem Buch. Wir, die Autorinnen, möchten uns herzlich bei allen bedanken, die uns bei unserer Arbeit unterstützt haben.

Besonders danken wir allen Grannys, die uns mit ihrer Offenheit und mit ihrem ansteckenden Enthusiasmus ihre Geschichten erzählt haben. Den Experten und Wissenschaftlern für die interessanten Interviews und die vielen neuen Erkenntnisse. Unserer Lektorin Katharina Festner, die mit ihren konstruktiven Anmerkungen und Vorschlägen den Text stimmiger machte. Unserer Agentin Susan Bindermann, die mit viel Engagement unsere Buchidee schnell Wirklichkeit werden ließ. Maria Freifrau von Welser für ihre einleitenden Worte. Und unserem »Haus-und-Hof-Philosophen« Manfred Hansen, der unermüdlich all unsere Textversionen las und uns immer wieder inspirierte. Michaela Hansen ist ihren Enkelkindern Victor, Frida, Sophia und Karlchen ganz besonders dankbar: »Sie holen mich immer wieder vom Schreibtisch weg – raus ins Leben.« Dann heißt es: »Los, Oma, komm mit. Tiere gucken im Zoo!«